Helgo Bockemühl

»Lernt von den Lilien des Feldes«

Helgo Bockemühl

»Lernt von den Lilien des Feldes«

*52 Begegnungen
mit der Natur*

Verlag Urachhaus

Die Drucklegung dieses Buches wurde unterstützt durch die
Gesellschaft zur Förderung geisteswissenschaftlicher Literatur e.V.

ISBN 3-8251-7185-X

Erschienen 1998 im Verlag Urachhaus
© 1998 Verlag Freies Geistesleben & Urachhaus GmbH, Stuttgart
Umschlagbild: Zeichnung von Jenny Flickentscher, 1901
Typographie: Walter Schneider
Druck: WB-Druck, Rieden

Ehe nicht Verehrung, religiöses Empfinden in unsere Wissenschaft hineinkommt, solange eine abgesonderte Religion neben der Wissenschaft sich auftut und bloß dem menschlichen Egoismus dient, ehe nicht die Wissenschaft selber wiederum, was sie erforscht, verehren lernt – so wie die alten Mysterienschüler verehren gelernt haben ..., eher kommen wir nicht wieder zu aufsteigenden Kräften in der Menschheit. Wir müssen wiederum alles Forschen als einen Verkehr mit der geistigen Welt begreifen lernen. Dann werden wir der Natur dasjenige ablauschen, was die Menschheit wirklich in ihrer Entwickelung weiterbringt.[1]

Rudolf Steiner

Inhaltsverzeichnis

Zur Einführung

»Der Mensch ist eigentlich so innig verknüpft mit der Welt, dass er keinen Gang in die Natur machen kann, ohne dass die intimen Beziehungen, in denen er zur Welt steht, eine intensive Bedeutung für ihn haben. Wenn die Lilie auf dem Felde erwächst aus dem Keim, bis zur Blüte kommt, dann müssen wir uns schon – ohne Personifikation – ganz intensiv vorstellen, dass diese Lilie auf etwas wartet. Ich muss es mit Menschenworten wiederum aussprechen … Die Menschenworte treffen natürlich die Dinge nicht ganz, aber sie drücken doch das aus, was als Realität in den Dingen drinnen ist. Diese Lilie, indem sie ihre Blätter, aber namentlich ihre Blüte entfaltet, wartet eigentlich auf etwas. Sie sagt sich: Es werden Menschen an mir vorübergehen, Menschen, die mich anschauen, und wenn genügend Menschenaugen ihren Blick auf mich geheftet haben werden, dann werde ich – so sagt der Geist der Lilie – aus der Verzauberung entzaubert sein und werde meinen Weg in geistige Welten antreten können! – Gewiss, Sie werden sagen: Es wachsen viele Lilien, auf die nicht menschliche Augen blicken. – Bei denen ist das eben anders. Lilien, auf die nicht menschliche Augen blicken, finden ihre Entzauberung auf einem anderen Wege. Denn das erste menschliche Auge, das auf eine Lilie blickt, ruft die Bestimmung hervor, dass diese Lilie durch Menschenaugen entzaubert werde. Es ist ein Verhältnis, das die Lilie zum Menschen eingeht, indem der Mensch zuerst seinen Blick auf die Lilie wirft. Überall in unserer Umgebung sind diese elementarischen Geister, und sie rufen uns eigentlich zu: Schauet doch nicht so abstrakt die Blumen an und macht euch nicht bloß die abstrakten Bilder davon, sondern habt ein Herz, ein Gemüt für das, was geistig-seelisch in

den Blumen wohnt. Das will durch euch aus seiner Ver-
zauberung erlöst werden. – Und das menschliche Dasein
sollte eigentlich eine fortdauernde Erlösung sein verzau-
berter Elementargeister in den Mineralien, Pflanzen und
Tieren.« [2]

Rudolf Steiner

»Lernt von den Lilien des Feldes« – wir nehmen dies
Wort als eine naturphänomenologische Aufforderung,
die ›Gleichnisse‹ des Neuen Testaments nicht nur als Bilder für christlich-moralisches Verhalten zu verstehen,
sondern als direkte Anweisung, Natur als religiösen Leh-
rer anzuerkennen. Die »kleinen Theologen am Wege«
sind keineswegs nur schöne Begleiter, Girlanden, die unsere Freizeit schmücken, sondern sie offenbaren, was für
den Erhalt der Erde und damit des Menschen unabding-
bar notwendig ist. Das bedarf näherer Ausführung.

Immer wieder wird in der Ökologie die Bildung einer
›neuen Ethik‹ gefordert, die über alle naturschützeri-
schen Maßnahmen hinaus eine neue Grundeinstellung
des Menschen bewirken soll. Wie aber kann Ethik gebildet werden ohne ein neues Lebensgefühl, ohne ein Gewissen? Solange es als moralisch gut angesehen wird,
wenn z.B. eine Wiese, ein Getreidefeld ›unkrautfrei‹ ge-
halten wird – mit allem, was dazu notwendig ist –, wird
keine andere Gesinnung entstehen.

Es bedarf einer Neuentdeckung der Natur. Liebe zu ihr
ist gut, doch steht ihr das naturwissenschaftliche Weltbild, das alle Vorgänge auf materielle Ursachen und den
Zufall zurückführt, wie eine Mauer im Wege. Der Student
der Botanik wird heute kaum in das Erkennen der Gestalten und Gesten der Pflanzen eingeführt, er hat sich mit
Pflanzenphysiologie und -genetik, mit den chemischen

Feinstrukturen auseinanderzusetzen. Er wird auch wichtige Maßnahmen zum Umweltschutz ergreifen lernen, aber an einer ›neuen Ethik‹ bildet er darum nicht.

Ethik bedarf einer religiösen Grundlage. Doch das Christentum und auch die anderen Großreligionen tun sich schwer mit der Natur. Etwa in den Zehn Geboten und in der Bergpredigt kommt sie nicht vor. Die Bibel gibt uns keine Anweisung, außer vielleicht, die ›Schöpfung aus Gottes Hand‹ zu schützen. Diese Forderung bleibt aber, wie man täglich beobachten kann, Phrase, wenn ihr andere Interessen entgegenstehen.

Das Judentum wie das Christentum, später auch der Islam, haben das ›Buch der Offenbarung‹ dem der Natur gegenübergestellt. Sie wollten Moral begründen und deren Verinnerlichung herbeiführen. Natur sollte (und musste) ausgegrenzt werden, um die Menschen nicht in ein traumhaftes Zusammenleben mit ihr zurückfallen zu lassen, das man als ›Heidentum‹ bezeichnete. Denn dieses war dekadent geworden, indem sich das menschliche Bewusstsein von der Natur emanzipierte. Die Entfremdung von ihr, das Lösen aus ihren Zusammenhängen war nötig, um sie eines Tages mit entsprechendem Abstand beobachten und erforschen zu können.

Das ›Buch der Natur‹ wurde zu Beginn der Neuzeit durch die erwachende Naturwissenschaft aufgeschlagen. Von den Vertretern der Offenbarungsreligionen wurde es aber als etwas ›ganz anderes‹ betrachtet. Naturwissenschaftliche Erkenntnisse wurden unter Umständen verfolgt oder, da man nichts dagegenzusetzen hatte, ignoriert. Die Spaltung von Glauben und Wissen trat ein und wurde gefestigt.

Es genügt zur Überwindung dieses Gegensatzes nicht, Waldgottesdienste abzuhalten oder die Fluren zu segnen, solange man in zwei verschiedenen Kategorien, in gegensätzlichen Weltanschauungen denkt: *religiös* nach dem

Offenbarungsglauben, *wirtschaftlich-technisch* nach naturwissenschaftlichem Materialismus.

Nach und nach spielte die Religion ohnehin eine sehr untergeordnete Rolle im menschlichen Bewusstsein. Die Aufklärung hat die Emanzipation von den Glaubensautoritäten eingeleitet. Die Romantik hat versucht, ihr zu antworten, indem sie die Möglichkeit eröffnete, die Wirklichkeit des Geistes in der Natur zu entdecken. Doch diese Bemühungen um ein neues Weltbild durch die Verbindung von Moral und Natur sind nicht aufgegriffen worden. Die Vertreter der Offenbarungsreligionen einerseits und diejenigen eines materialistisch gelesenen Buches der Natur haben die Welt geteilt und im Kampf um die vorherrschende Weltanschauung mit dieser Teilung gesiegt. Die Motivation zu einer ›neuen Ethik‹ wird nicht aus einer Kombination von Offenbarungsglauben und Naturwissenschaft im bisherigen Sinne entwickelt werden können.

Goetheanistische Phänomenologie und die durch Anthroposophie daraus entwickelte Naturwissenschaft hat einen Weg zur Bildung einer neuen Ethik zu gehen begonnen. Offenbarungsreligion kann durch Geisteswissenschaft zur Erkenntnis werden, so wie Naturwissenschaft zur Möglichkeit wird, Naturoffenbarung zu entschlüsseln.

Eine voraussetzungslose religiöse Erkenntnis kann das Johannes-Evangelium wörtlich nehmen: »Alles ist durch dasselbe (das Gotteswort, den Logos) geworden und außer durch dieses ist nichts von dem Entstandenen geworden« (Joh 1,2–3). Bei dieser Aussage handelt es sich nicht um einen zu glaubenden ›Schöpfungsmythos‹, von der Bibel geoffenbart, aus Sicht der Naturwissenschaft abzulehnen, sondern um eine exakte, wenn auch allgemein umfassende Beschreibung. ›Mythos‹ wird diese Aussage erst dann, wenn man sich ein anthropomorphes, naives

Bild macht: Gott als Gestalt, die spricht wie ein Mensch, –
und dann geschah es, wobei sich der religiöse Materialist
die Vorstellung bildet, an ›einem Tage‹ sei dies oder jenes
Wesen ›gemacht‹ worden. Das muss einer entwicklungs-
geschichtlichen Denkweise zuwider sein.

Auf der anderen Seite haben die Entdecker der Entwicklung der Arten und deren naturwissenschaftliche Nachfol-
ger immer noch nicht das Dogma überwinden können,
dass aus bloßem Zufall im Feld zwischen Mutation und Selektion, Vererbungsmaterial und Umwelt-Auslese eine offenbar doch sinnvolle Entwicklung möglich sei.

Den Naturerscheinungen Stein, Pflanze, Tier liegen
›Ideen‹ zugrunde, Teile des göttlichen Logos, die sich natürlich offenbaren. Goethe hat auf dem Gebiet der Botanik die Urpflanze erkannt, die in allen Einzelpflanzen spezielle Ausprägung findet. Diese Urpflanze ist jedoch keine
Theorie, sondern eine geistige Realität, wenn man so will:
ein göttliches Wesen, ein Teil des Logos. Entsprechend
verhält es sich mit den Mineralien, den Tieren und den
anderen Erscheinungen der Natur.

Wir mögen am Sabbath der Weltentstehung angekommen sein. Der aber sollte dazu da sein, im göttlichen Sinne
zu erkennen, dass »es gut war«. Das genügt jedoch nicht
im Allgemeinen einer religiösen Naturliebe, sondern es
bedarf der detaillierten Konsequenzen, die einzelnen
›Laute‹ eines ›Gotteswortes‹ zu entziffern. Was ist die
geistige Aussage, die moralische Konsequenz einer bestimmten Pflanze, eines Tieres, was ist ihr ›Sinn‹?

Das Sichtbare unserer Welt weist nicht auf Übersinnli-
ches, auf Göttliches hin, sondern *ist bereits* zugleich sinn-
lich-übersinnliche Realität, von der jedoch nur ein Teilstück in Erscheinung tritt. Dieses Teilstück gilt es zu entschlüsseln. Und dazu sind wir aufgerufen und unter Umständen in der Lage.

Die Ausführungen in einem solchen Rahmen wie diesem Buch müssen fragmentarisch bleiben. Doch selbst wenn sie ausführlicher wären, würden die Schlussfolgerungen dadurch nicht einleuchtender erscheinen. Die Leserin oder der Leser wird sich daher selbst auf den inneren und äußeren Weg machen müssen. Dazu möchte das Buch einladen.

Die Suche nach der Sprache der Natur muss sich, da diese sich in Gestalten darlebt, durch ein Erkennen dessen vollziehen, was sich in der Morphologie, in den Formen ausspricht. Daraus folgt die Notwendigkeit, ein nach und nach entstehendes ›künstlerisches Gewissen‹ zu entwickeln, das zu objektiver, auch religiöser Evidenz führen möge.

»Religion ist Liebe über sich hinaus« – Liebe muss in unserer Zeit vor allem Bereitschaft sein, sich selbstlos der Beobachtung des Objekts hinzugeben, ›andächtiges‹ Interesse zu entwickeln.

Der Autor erhofft sich, dass dieses Buch gutwillig gelesen, aber nicht auf einmal durchgelesen werden möge. Im Zusammenhang mit dem christlichen Jahreslauf will es ermöglichen, mit der Natur noch einmal neu vertraut zu werden, nicht allgemein und anonym, sondern mit den einzelnen Phänomenen, die zugleich Offenbarer geistiger Wirklichkeiten und damit religiös-moralischer Kräfte sind.

Die einzelnen Betrachtungen sind dem Jahreslauf eingeordnet, dem Wandel der natürlichen Erscheinungen sowie den christlichen Festeszeiten, doch ist dies in keiner Weise zwingend gemeint. Der Leser möge sich jedoch angeregt fühlen, das feinere Erleben des Jahresrhythmus' im christlichen Sinne mit der Naturbeobachtung zu verbinden. Denn im Mitgehen mit der Atmung der Erde, die »nicht eine Luftatmung ist …, sondern die Ein- und Ausatmung von Kräften, von denen man eine Teilvorstellung gewinnen kann, wenn man auf das Pflanzenwachstum im

Laufe eines Jahres sieht« (Rudolf Steiner),[3] in diesem Mitgehen überwinden wir die Kluft, die zwischen Natur und
Religion durch unser Bewusstsein geht.

Sommer 1998   Helgo Bockemühl

ADVENT

Kleine Legende

Päonie

Es war gegen Ende November. Die ersten Nachtfröste
hatten schon fast alle Blätter von den Bäumen ›gebissen‹.
Im Garten verblichen die letzten Chrysanthemen, andere
Blumen sah man schon lange nicht mehr. Zwei müde Blüten gedachte ich noch aus der Trostlosigkeit zu retten und
pflückte sie im verödeten Gefilde. Sie sollten uns in der
Vase noch einige Tage erfreuen. Doch war es, so fand ich,
zu wenig, das eine oder andere Blatt oder Grün sollte sie
begleiten. Ich sah mich um, – sollte es irgend etwas im
Garten noch geben? Da fand ich Blätter, die dem Frost
widerstanden hatten. Direkt aus dem Boden stiegen sie
auf und waren in der Spreite fingrig gegliedert, ihr helles
Grün war braunrötlich, fast violett verfärbt: Päonie. Das
passte gut zur rost-rosa Chrysantheme.

Als ich sie abbrechen wollte, gab der Stängel nicht
nach. Ledrig-fest leistete er Widerstand. Ein Messer hatte
ich keines. So zerrte ich schließlich daran, etwas ungedul-
dig, denn im verbleichenden Garten hatte ich nichts Fes-
tes vermutet. Plötzlich, mit einem Ruck, kam es heraus:
das Blatt samt der Wurzel. Und ich erschrak, denn zwischen der schwarzen Erde am Wurzelgezwerch schimmerte es weißlich.

Was konnte das sein? Wie zarte Krallen reckte es sich:
deutliche Keimtriebe, fingerlang, oben zart rosa be-
haucht, spitz mit feinen Schuppen von Vegetationsansät-
zen. Das waren die Triebe des kommenden Jahres.
Pfingstrosen – daran kann ich im November nicht denken! Pfingsten, so weit weg, vergangen wie künftig. Und
doch – von jenseits kommend – lag der feine Schimmer
ihrer Blüten zart rosa über den Keimen, war der Duft
fernher zu ahnen: Advent.

Im ›Jenseits‹ blühen sie jetzt – in Neuseeland, Argentinien oder Chile. Jenseits aber auch dies: »Die Rose, welche hier dein äuß'res Auge sieht, die hat von Ewigkeit in Gott also geblüht« (Angelus Silesius).

Es war eine kleine, stille Apokalypse, in die ich versetzt war: Die Ferne war nah und im zarten Bild der Tod schon überwunden. Advent war ›herausgerissen‹. Rasch verbarg ich die Keime wieder in der Erde, drückte den Boden dort fest und verzichtete auf die Blätter.

Lange noch haben mich die Chrysanthemen im Advent angesehen.

Achat-Kristallbild

In tiefen Schichten des Gesteins, in härtester Felsmasse, die, schwer und undurchdringlich, vor Urzeiten erstarrt ist, finden sich Hohlräume, Cavernen, blasenförmige Einschlüsse, in die der schaffende Weltenwille seltsame, wunderbare Bild-Schriftzeichen eingetragen hat. Sie sind auf uns gekommen, nachdem auch dieses härteste Basaltgestein verwittert ist. Dabei traten die Hohlräume, die sich kristallin angefüllt haben, als Achatmandeln zutage, als Drusen, Geoden (Farbtafel I und II).

Selbstverständlich gibt es naturwissenschaftliche Theorien, wie so etwas hat werden können und weshalb es uns heute so vor Augen liegt. Und dennoch ist im Grunde nichts damit erklärt. Als Hieroglyphen, Zeichenbilder müssen wir sie lesen. Die erschlossenen Achatkugeln liegen als Scheiben vor uns und sprechen vom Werden der Welt, sprechen davon, dass in der Todesnacht und der endlosen Finsternis und dichten Masse der Erde Licht ›eingeleuchtet‹ ist, dass feinste Kristallstruktur sich sphärisch angeordnet hat, verklärt und rein. »Und das Licht schien in die Finsternis« ist das Evangelienwort, das die Erde uns durch diese Gebilde mitteilt. Dies ist eines unter zahllosen Verkündigungsbildern, die die Natur uns vor Augen hält, nur dass wir sie leider in den meisten Fällen nicht erkennen können.

Was der strahlig erfüllte Innenraum einer solche Geode, dessen rhythmische Entstehung abzulesen ist, uns sagen will, das wird uns nach und nach bewusst, wenn wir ein solches Naturphänomen öfter auf uns wirken lassen. Aus allen Richtungen, zur Mitte hin, haben sich die Strahlen in feinster Substanz des Kiesels abgesetzt. Dieser Vorgang hat offenbar zwischenzeitlich eine Verdichtung und einen Abschluss gefunden, um wiederum neu zu beginnen, wieder sich abzugrenzen und weiter zu ›wachsen‹ bzw. sich niederzuschlagen.

Im Innenraum der Seele kann dies heute wieder und wieder geschehen, was in der Natur längst seinen Abschluss gefunden hat. Natur geht *im* Menschen und *durch* den Menschen weiter! Das Schöpfungswort hat sich dem Menschen erschlossen, es wurde ihm übergeben, damit er die Schöpfung in sich selbst fortsetze. Und aus dieser sich gestaltenden Geistsubstanz in den Seelen der Menschen wird sich etwas bilden, was gänzlich neu sein wird, »denn die frühere Erde ist vergangen«. So kann man sich in das Kapitel 21 der ›Offenbarung des Johannes‹, des letzten Buchs der Bibel, hineintasten. Es ist dort von dem Neuen Jerusalem die Rede, das ganz aus Kristall gebildet sein wird.

Der Seher beschreibt etwas durch Bilder natürlicher Phänomene. Alle Edelsteine, die er kennt, müssen ›herhalten‹, darunter von zwölfen acht, die Quarzsubstanz besitzen und die zumeist im Achat vorkommen. »Und die Schätze und Kostbarkeiten der Völker wird man zu ihr, der strahlenden Stadt, bringen.« Allerdings werden es nicht die illuminierten Weihnachts-Verkaufsstraßen sein, die in diese Stadt führen, sondern die verinnerlichten Bildvorgänge, die Meditationen, die etwa eine Achatscheibe in uns anregen kann.

In diesen Jahren feiert man dreitausend Jahre Jerusalem. Und sicher ist diese Stätte noch viel älter. Alt und ehrwürdig und des ehrfurchtsvollen Gedächtnisses würdig. Allein was heute dort geschieht und geschehen ist, das sieht mehr nach Untergang und Zerfall aus. Das ist das Alte und nicht das Neue Jerusalem. Und das Neue wird keinen geographischen Ort haben, aber einen Himmelsort, der geographisch überall da sein kann, wo in der Finsternis und der ›Gesteinsmasse‹ des Materialismus Menschenseelen Innenräume bilden, in die das Licht so einstrahlen kann, dass es auskristallisiert, in immer wiederkehrenden Stufen.

Die uns vorangegangen sind, haben ihren Teil in die Ewigkeit eingebracht, wir sind weiter auf der Erde, um weiter zu arbeiten an der Durchlichtung und Durchchristung des Erdenseins, damit die Zukunft – eine ganz neue Gemeinschaft des Friedens – unter dem Licht und dem Wirken der Gottheit – erbaut werde. Das ist Advent.

Mandelbaum und Himmelsbrot

In der Adventszeit, wenn Weihnachten naht, bekommt man manchmal Marzipan geschenkt. Das ist nicht nur süß, sondern hat vor allem das unvergleichliche Aroma, den besonderen Geschmack, den eben nur Marzipan haben kann. Der Name bedeutet ›Brot des Heiligen Markus‹ und es ist ganz aus Mandeln gemacht, aus süßen Mandeln und einzelnen bitteren.

Man kann es auch selber machen. Dazu knackt man die Nüsse, die etwa wie Pfirsichkerne aussehen und fast genauso hart sind. Tritt der weiße Kern zutage, löst man noch die zarte braune Hülle ab: Die weißen Mandelkerne gehören unbedingt zum Weihnachtsgebäck, das jetzt gebacken wird und den Menschen an seine paradiesische Heimat erinnern soll, weshalb ihm Formen des Himmels gegeben werden: Sonnen, Monde und Sterne, oder auch Herzform. Das ist Himmelsbrot.

Die Mandel ihrerseits hat in ihrer Form noch einen anderen Zusammenhang. Auf alten Bildern, wo man sie dann italienisch ›Mandorla‹ nennt, umgibt sie dort den himmlischen Christus. Er thront auf dem Farbenbogen und segnet die Erde, indem er sich ihr offenbart. Der Himmel erscheint in Mandelform geöffnet, von dorther kommt Christus wieder zu den Menschen. Das feiern wir im Advent. Die Mandel spricht: Das Verborgene ist enthüllt, es öffnet sich. So möge Marzipan oder Mandelgebäck das Brot sein, das einem den Himmel aufschließt, wenn es im rechten Sinne auf Weihnachten hin gegessen wird.

Als göttlicher Geist dem Propheten Jeremia die Gabe verlieh, das Verborgene zu erschauen, da war das Erste, was der Prophet sehen konnte, ein erwachender, blühender Mandelzweig. Der Mandelbaum blüht schon sehr früh im Jahr, er ist ein Bote des kommenden Frühlings, des Lichtes, der Wärme. – Schneeweiß erblüht er. Nun hat aber der Prophet nicht den Frühling draußen gesehen, sondern den Himmelsfrühling, der im Advent kommt. Der Messias naht den Menschen, das ahnte der Prophet im Bild des blühenden Mandelzweiges. Deshalb nannten sich manche Juden hoffnungsvoll Mandelstamm, Mandelzweig oder auch nur Mendel. Ihre Sehnsucht und ihre Frömmigkeit sprachen aus ihrem Namen: Erwartungs-Feierlichkeit, die dem Mandel-Brot, dem Marzipan entspricht, wenn es seinem Sinne nach genossen wird.

Rottannen

Caspar David Friedrich hat das Bild gemalt, das in der Dresdner Galerie als ›Tetschener Altar‹ ausgestellt ist (Farbtafel III). Mit diesem wurde zum ersten Mal in der Geschichte der Malerei auf einem Altarbild die Natur zum Hauptgegenstand erhoben. Wir sehen darauf einen Berggipfel, teilweise bewachsen, teilweise felsig entblößt, tief dunkle Tannen erheben sich in den bewegten Himmel. Zwischen ihnen ist ein Kruzifixus errichtet, schmal und zeichenhaft, dessen oberer Teil von der untergehenden Sonne aus dem Hintergrund beleuchtet wird.

Der Maler schuf ein Bild, von dem man sagen kann, dass es die ganze Andacht der Erde zum Ausdruck bringt. Das war aber seinen Zeitgenossen so wenig verständlich, dass sie das Bild nie über einem Altar akzeptieren konnten. Man nannte es eine Anmaßung, dass sich die Landschaftsmalerei in die religiöse Kunst ›einschleichen‹ wolle. Zwar wurden schon etwa seit Beginn des 15. Jahrhunderts Gestalten der Heiligen in Landschaften hineingestellt, Maria in einen Garten, die Kreuzigung in einen Bereich, den man sich als historische Umgebung vorstellte, doch bei Friedrich findet sich eine neue Qualität: Die Erde selbst wird zum Hauptgegenstand in ihrer Natürlichkeit, wird zum Bild der Anbetung. Das aufgerichtete Kreuz dazwischen tritt eher zurück. Aus der Natur selbst offenbart sich die Religion.

Zeichenhaft aufrecht, ernst und andächtig stehen die Rottannen auf dem Berggipfel. Sie weisen nach oben in die dramatischen Farbbewegungen der Wolken, die in Rottönen auf grauem Hintergrund erglühen. Drei Strahlenfächer leuchten von hinten herauf, die göttliche Trinität symbolisierend.

So wie auf diesem Bilde sind dem Maler die Rottannen

(Fichten) im nahen Erzgebirge und ferneren Riesengebirge zum Erlebnis geworden: als wartende, erwartende Wächter. Und ihre stille Mahnung sprach zugleich von der Hoffnung: Es werde durch die Opfertat Christi die Erde und die Natur mit dem Menschen erlöst.

Fichten sind die alltäglichsten, gewöhnlichsten unserer Bäume. Nicht selten sind sie vom nächsten Fenster aus zu beobachten. Wo sie frei stehen, tragen sie vom Boden her bis hinauf zum Wipfel Äste. Beeindruckend ist die vollkommene Geradheit, die Aufrechte vom Boden bis zur äußersten Spitze, in der man den Stamm durch die Äste hindurch sehen kann. Deren Vielzahl wächst in charakteristischer Geste der Öffnung in einem bestimmten Winkel nach oben, bei jungen Bäumchen stärker und straffer aufgerichtet, bei älteren ›milder‹, zunächst vom Stamm aus waagerecht oder auch sanft abwärts geneigt, um sich nach ihrer Spitze zu wieder aufzurichten.

Jeder Baum bildet mit der Gesamtheit seiner Äste einen leicht nach außen gewölbten Kegel. Offener zuerst, später immer dichter, entsteht ein dunkler Innenraum. Erst im Alter lichten sich die Abstände zwischen den Ästen wieder, indem die feineren Zweige schütter werden. Doch das Wachsen und Altern dauert viele Jahrzehnte. Die Fichte braucht gewöhnlich über zwanzig Jahre, bis sie zum Blühen und Fruchten kommt. Vielleicht ist es gerade die Dauer, die Kontinuität, dass sie in ihrer ›Bescheidenheit‹ für uns immer da ist, dass sie Vertrauen in uns erweckt, das ganze Jahr hindurch grünt, dass sie ›unser‹ Baum wird.

Dass die Fichte in unserer Umwelt so stark dominiert, hängt einfach damit zusammen, dass sie das billigste Nutzholz abgibt. Sie wächst verhältnismäßig schnell und unabhängig vom Klima. Das Holz ist einfach zu bearbeiten; es gibt kaum einen Dachstuhl, den die Zimmerleute in Mitteleuropa aufrichten, der nicht aus Fichtenholz wäre.

Und dann ist es uns tief vertraute Gewohnheit geworden, eben diesen so gewöhnlichen Baum (oder vielleicht auch eine Edeltanne) hereinzuholen und in der dunkelsten Zeit des Jahres zum besonderen Symbol zu machen. Indem er auch im Winter grünt, indem er die geöffnete Geste seiner Zweige mitbringt, wird er mit einem Male ›belohnt‹, unwirkliche Blüten und Früchte tragend, Lichter, Äpfel oder Kugeln. Er verhilft zu einer inneren Anschauung, die ›künstlich‹ schöpferisch aus dem Übersinnlichen ins Bild gebracht wird. Er wird zum Weltall-Baum: Sonne, Monde, Sterne und gegebenenfalls Planeten, der ganze Himmel wird ins Zimmer geholt, in den Innenraum bei den Menschen, in ihr Inneres. Das ist die weihnachtliche Kommunion, wahrzunehmen, wie der Himmel sich öffnet und Segenskraft herniederkommt und sich den Menschen schenkt, sodass sich diese stellvertretend einander beschenken.

Wenn die Fichten (oder Tannen) in der Adventszeit neben die Altäre gestellt werden, was lieb gewordener Brauch ist, dann sprechen sie – symbolträchtig genug – stellvertretend für alle Kreatur, die »mit großer Sehnsucht darauf wartet, dass in der Menschheit die Söhne Gottes zu leuchten beginnen« (Röm 8,19). Sie warten mit uns der Offenbarung des Wiederkommenden entgegen, der Wiederentdeckung der Geistwelt, die zugleich Apokalypse ist.

Mit der Strahligkeit ihrer Nadeln und der Geste der jüngeren Fichten, die man hereinholt, sind diese Bäume keine anmutigen, milden Erscheinungen. In ihrer still aufrechten, würdevollen Gestalt sind sie hoffnungsvolle Mahner neben dem Kreuz und über das Kreuz hinaus.

WEIHNACHTEN

Schneestern – Sechsstern

So viele Tage wie das Jahr hat, so viele Jahre etwa ist es her, dass der gelehrte Mathematicus und Sternkundige Johannes Kepler seine Schrift ›Über den hexagonalen Schnee‹ verfasste. Er hatte immer wieder beobachtet, dass Schneesterne sechsstrahlig bzw. sechseckig sind und die Schneeflocken, so zerbröckelt oder mehrfach zusammengefroren sie auch sind, sechskantige Formen zeigen. Mag sein, dass Johannes Kepler den Winter besonders liebte, schließlich hatte er am 27. Dezember Geburtstag. Jedenfalls interessierte ihn die harmonische Geometrie, die strahlige Formkraft, die man aus den Schneekristallen ablesen kann.

In den unzählig vielen Jahren, in denen es auf der Erde schon Winter geworden ist , bei all den unglaublich vielen Schneesternen und Schneeflocken, die schon niedergegangen sind, ist wohl noch nie eine wie die andere gewesen, und dennoch haben alle das strenge Gesetz der Sechskantigkeit aus dem graublauen ›Wintermantel‹ der Erde mit heruntergebracht. Unter diesem Zeichen wird es Weihnachten, immer wieder, auch wenn zunächst noch kein Schnee gefallen ist.

Wenn man einen Sechsstern zeichnet, so bildet man ihn aus zwei gleichseitigen Dreiecken, die, ineinander geschoben, den gleichen Mittelpunkt haben. Wir können uns vorstellen, dass die beiden Dreiecke sich durchdringen, indem eines von unten, das andere von oben kommt. So wird der Sechsstern zum Symbol dafür, wie Himmlisches, von oben Kommendes, und Irdisches von unten her sich durchdringen. Unter diesem Zeichen ist das himmlische Kind im Erdenleib erschienen.

Davidsstern wird dieses Zeichen genannt und der Staat Israel trägt es deshalb als Hoheitszeichen. Die Prophezei-

Abb. 1. Formen des Schneekristalls.

ung des Alten Testaments spricht davon, dass der Messias aus dem Hause Davids kommen werde, in dem sich Himmlisches und Irdisches miteinander verbinden.

Unter den Blumen gibt es eine große Anzahl, die den Sechsstern in ihrer Blüte tragen. Er ist dabei aus zweimal drei Blütenblättern gebildet: drei äußere und drei innere Kronblätter, wobei in der Regel hüllende Kelchblätter fehlen. Die Lilie ist die bekannteste unter diesen Pflanzen. Sie enthüllt den weißen Sechsstern am reinsten. Deshalb ist sie dem verkündigenden Engel beigegeben. Gabriel trägt die himmlisch weiße Lilie als Symbol für die Durchdringung des Irdischen mit dem Himmlischen, wenn er Maria aufsucht und ihr die Geburt des Kindes verkündet. So haben zahlreiche Maler diese Verkündigung gemalt. Und die Lilie war immer rein weiß wie der Schnee, denn beide zeugen vom Himmel, vom Reich, in dem das Licht seinen Ursprung hat.

Aus den Tiefen der Erde antwortet ein Reich, das ebenfalls dem hexagonalen Gesetz unterworfen ist: das der Bergkristalle und zahlreicher anderer Mineralien. Wie ausgestaltetes Licht begegnet uns der rein kristallisierte sechskantige Quarz, auch in Gelb als Zitrin, in Violett als Amethyst und manchmal in Rosa als Rosenquarz.

Der weiße oder ganz klare Bergkristall jedoch ist der schönste. Aus höchst komplizierten geometrischen Stoffgesetzen fügt sich in feinsten, unsichtbaren Lamellen der Quarz zur Gestalt des Kristalls in vollkommener sechskantiger Säule und mit sechsseitiger Pyramiden-Spitze. Wenn Bergkristall zwar in verschiedenen Typen, doch stets in gleicher Gestalt vorkommt, drückt sich darin eine Urbildlichkeit aus, die ihn wie der geronnene Strahl reinen Lichts erscheinen lässt. Dadurch fühlte sich Angelus Silesius angeregt, das Wesen der Gottesmutter mit dem Kristall zu vergleichen:

> Maria ist Kristall, ihr Sohn ist himmlisch Licht;
> Drum dringt er ganz durch sie und öffnet sie
> doch nicht.

Hier wird der Kristall zum Symbol mystischer Reinheit der Seele, die Geisteslicht aufnehmen kann, ohne es zu mindern und ohne selbst beeinträchtigt zu werden – reine, selbstlose und vollkommene Durchdringung. Sollte man hierfür ein Zeichen finden, so wäre es wohl wiederum der aus zwei sich begegnenden Dreiecken gebildete Sechsstern, der die vollkommene Verbindung zeigt.

Marienglas

Calciumsulfat (CaSo$_4$ + H$_2$O)

Wir sind in den Kalk- und Mergelhügeln bei Rottleben in Thüringen. Ein Kundiger führte uns an einem schmuddeligen Tag aufwärts in ein höher gelegenes Tal. Brachland, absterbende Baumgruppen, Hagebuttenbeladenes Dornengestrüpp da und dort an unserem Fußpfad. Zwischen den müden Grasbüscheln liegen gelbe Birkenblätter hingestreut. Irgendwo ist der Boden entblößt, steiniger Grund wird sichtbar und Felsen türmen sich auf. Da öffnet sich in einer Nische ein Höhleneingang. Das herumliegende Material verrät, dass hier schon viele Leute gewesen sind, glitzernde Splitter, zerklopfte Gesteinsbrocken mit Marienglas, der glimmerartigen Form des schwefelsauren Kalkes, Gips (Farbtafel IV).

Der Eingang in die Höhle ist bequem. Leicht abwärts führt ein ausgetretener Pfad, während uns der Felsen zu umschließen beginnt, das Tageslicht hinter uns bleibt und schwächer wird. Nur etwa sechzig Meter tief geht es hinein. Das Anzünden einer Kerze im Dunkeln entfacht zu unserer Überraschung überall zwischen dem Gestein ein Blinken und Glitzern – der Widerschein unseres kleinen Lichtchens an den Stellen, wo blanke Kristallflächen hervortreten. Bei näherem Betrachten der Felswände sehen wir leicht zugängliche Ritzen und Adern, die schon bald eifrig mit Meißel und Hammer bearbeitet werden. So weich das Marienglas ist, hat es doch auch eine bestimmte Zähigkeit und splittert leicht bei unsachgemäßer Behandlung.

Zwischendurch schweigt gelegentlich das Klopfen und das Gespräch. Wir bemerken die Stille und die Einfachheit der Finsternis, die alles in sich schließt. Der laute Tag und das Vielerlei ist weit draußen und von uns genommen. Nur *ein* Raum, nur *eine* Dunkelheit, nur *eine* Lichtquelle … Dann wird wieder gemeißelt, bis in unseren Händen bald glasklare, weiche Tafeln vom Kristallgestein liegen, die wir glücklich und staunend betrachten.

Im Nachdenken dieses beschriebenen Vorgangs geht das kleine Erlebnis auf: Der Weg hinein in das Dunkel der Höhle lässt Konzentration entstehen. Es ist ein Gang ins bergende Innere. Das vielfältige Äußere bleibt hinter uns, alles wird Eins. Der Berg birgt. Ohne ein Licht möchte man nicht sein, aber man entzündet es selbst, trägt es in den eigenen Händen. Und schon flimmern die Reflexionen von allen Seiten. So ist es, wenn man in seiner Seele

›reflektiert‹, nachdenkt, sinnt: Aufleuchtend antworten kleine Flächen, da und dort, wie Sterne, von allen Seiten. Geht der Weg ins Innere, soll alles einfach, einheitlich, eins werden. Und das eigene Klopfen, das klopfende Herz, legt kristallene Stellen frei, löst Kristalle ab. Dann hält man etwas in Händen.

Doch wie hat sich der Gips kristallin gebildet? Wie kann es sein, dass im Finstern, zwischen Stein und Staub und Schmutz, solche Klarheit und lichte Schönheit zu finden ist?

Leicht ist zu erfahren, woraus Gips und die spezielle Form des sogenannten Marienglases besteht: Calcium, Kalk und Schwefel bzw. Schwefelsäure. Dazu bindet die feine, glasig-schiefrige, glimmerartige Kristallstruktur Wasser. Verbrennt man das Mineral – man hat es zu diesem Zweck früher abgebaut –, so zerfällt die Form zu weißem Pulver, das, wenn man Wasser hinzufügt, schnell abbindet und aushärtet.

Drei Elemente sind es, die sich im Marienglas-Gipskristall vereinen: Kalk, Schwefel und Wasser.

Die Alchimisten im Mittelalter hätten es auch anders benannt: Für sie zählte nicht so sehr der Stoff, sondern der Werdeprozess oder die Wirkungstendenz darin. Kalk ist etwas, was sich ablagert, was man mit dem alten Namen ›Sal‹ bezeichnen kann. Sulfur, Schwefel (Sonnenträger) ist unmittelbar brennbar, lichtverwandt. Beide finden und binden, neutralisieren sich mit Hilfe des Wässrigen, des ›Mercur‹.

Schwefel und Kalk sind sich polar entgegengesetzt: Kalk will sich verfestigen; in uns ist der ›Knochenmann‹ als Gerüst zwar nötig und tragfähig, aber welcher Vorwurf, wenn einer als ›verkalkt‹ bezeichnet wird! Wenn hingegen einer viel ›schwafelt‹, sich dem Schwefelprozess hingibt, geht es ins Gegenteil. Dazwischen müssen Kräfte der Vermittlung wirken. Das Wässrige ist immer Mittler,

Medium. Der Marienglas-Kristall wird zum alchimisti-
schen Symbol: Erdsüchtige Tendenz, Absterbendes und
dazu in Licht Entzündlich-Flüchtiges werden, vom Wasser vermittelt, im Gipskristall versöhnt. Harmonisierte,
geläuterte Gegensätzlichkeit.

Der Gang in die Höhle wird zum Gang in das eigene
Innere. Im stillen, eigenen Licht in bergender Dunkelheit
kann herausgeklopft werden, was wir in uns verbunden,
harmonisiert haben mögen: Flucht und Sucht – ausge-
söhnt durch das ›Wasser des Lebens‹.

Beschenkt und erfreut steigen wir wieder auf, angeregt
durch die kleinen, wertlosen und doch kostbaren Funde
bei dem keineswegs sensationellen Höhlenerlebnis. ›Marienglas‹ ist doch ein sinniger Name dafür. Mag Maria die
mütterlich, jungfräuliche Schutzheilige sein für die Seele,
die in sich geht und im Innern die Versöhnung findet, den
Ausgleich der polaren widersacherhaften Wirkungen im
reinen kristallinen Mineral.

EPIPHANIAS

Amethyst

Unter allen Mineralien und Edelsteinen, die es in der Erde gibt und die man bisher gefunden hat, gibt es keinen, der solche vollkommenen, großen Drusen bildet wie der Amethyst. Himmelblauer Coelestin aus Madagaskar, Bergkristallhöhlen aus der Schweiz und was es an Vergleichbarem in den Sammlungen oder vielleicht auch nur auf Abbildungen zu sehen gibt, bestätigen nur: Es scheint zum Wesen des violetten Kristalls Amethyst zu gehören, mit diesen wunderbaren Gebilden, diesen Kristallhöhlen, verbunden zu sein. Niemand kann sich dem Zauber entziehen, der von der Reinheit, der Farbe und der konzentrischen Anordnung der Kristallspitzen ausgeht, wenn er sich in ihren Anblick vertieft (Farbtafel V).

Die meisten dieser Amethystdrusen kommen aus Südamerika. Dort werden sie seit Jahrzehnten gefördert. In hügeliger Landschaft durchwühlt man den lehmigen Boden mit riesigen Baggern, um an geeigneter Stelle, wo bestimmte Anzeichen zutage treten, mit der Hand weiterzuarbeiten. So hat man Drusen von über Mannsgröße gefunden und man birgt weiter größere und kleinere, ohne so recht zu wissen, wer einem all diese Schönheit abnehmen soll. Sicher geht auch vieles von dem Geförderten zu Bruch; dann werden die Spitzen so zerschlagen, dass die dunkelsten Stellen Material zum Schliff ergeben. Geschliffene Steine sind leichter zu transportieren und mehr Menschen bringen Interesse dafür auf. Die großen Drusen behalten ihre Seltenheit.

In urfernen Zeiten, so vermutet man, seien in magmatisch-flüssigem Gestein, das aus dem Innern der Erde aufstieg, Blasen entstanden, die charakteristischen Hohlräume, in denen sich der durch Spuren von Mangan und Eisen gefärbte Quarz in dieser Weise hat auskristallisieren können. Man findet in den Drusen immer auch eine Art Basis, auf der die Blase aufgesessen sein muss, auf der sich nach oben eine Wölbung ausbilden konnte. Offenbar ist je nach vorherrschendem Druck und Temperatur sowie nach vorhandenem dampfförmigem Quarz die Druse mit dickerer oder dünnerer Wand ausgestattet und je nach der Art der allmählichen Abkühlung mit kleineren oder größeren Kristallspitzen besetzt.

Uns stellt sich die Frage nach dem Zeichen, das dieses Mineral in die Welt als einmaliges Phänomen hineinprägt. Dabei wollen wir nicht außer Acht lassen, dass es auch Gang-Vorkommen des Amethysts gibt, etwa im mittleren Afrika oder im Erzgebirge. Aber das Eigentümliche des Kristalls erscheint als Druse, einbezogen die Farbe des tiefen Violett, die sonst ebenfalls selten in der Edelsteinwelt auftritt. Sie gehört zum Amethyst. Es ist schon eine Rarität, wenn etwa Turmalin oder Topas in dieser Färbung vorkommen.

Der Name, den man dem Amethyst gab, bedeutet ›gegen den Rausch‹. Es zeugt von naivem Materialismus, wenn man glaubte, nur Amethyst-Pulver in den Wein geben zu müssen, um gegen Trunkenheit ein gutes Mittel zu haben. Wer in die Druse hineinschaut und die still-glitzernde, ernste Klarheit sieht, wird sich an diesem Anblick zur Konzentration, zur Wachheit und zur Beruhigung geführt fühlen. Alle rauschhafte Nervosität, alle Zerstreutheit, alles Außer-sich-Sein fällt nach und nach ab: Gestalt und charakteristische Färbung haben seinen Namen mitbestimmt.

Der Amethyst stellt in seinem verhältnismäßig reichen Vorkommen – er wird auch höchstens als ›Halbedelstein‹ bezeichnet – keinen besonderen materiellen Wert dar. Wie gut, dass es hier einmal wirklich um den ideellen Wert geht, um die Würde, die nur die Seele fassen kann. Auch ist das Materielle an diesem Stein durchaus vergänglich: Er verliert nach und nach, wenn er dem Licht ausgesetzt ist, seine tiefe Farbe, wird blass und matt. Es soll wohl von diesen Amethysten das Wertvollste in die Seele übergehen.

Haben die Magier aus dem Morgenland Kronen getragen, als sie das Kind zu Bethlehem anbeteten? Wenn dies zutrifft, dann waren sicher auch Amethyste darin eingefasst. In der Antike ging man nicht allein von einem ›Wert‹ aus, der sich an Haltbarkeit und Seltenheit maß, es war vor allem die Farbe und womöglich die geistig-seelische Ausstrahlung, die man deutlicher spürte als heute.

»Das zwölfte mit Amethyst«, so heißt es in der Offenbarung des Johannes, wenn am Ende des Buches das Neue Jerusalem beschrieben wird. Mit den zwölf Edelsteinen sind die Fundamente eines neuen, erlösten Weltzustandes besetzt, und unter allen Edelsteinqualitäten bildet der Amethyst die Vollendung. Kommt es daher, dass die Würden-Ringe der Bischöfe und Kardinäle einen Amethyst enthalten?

Fragen wir noch einmal nach dem Signum dieses Steines in Verbindung mit der Art seines hauptsächlichen Vorkommens und seiner violetten Farbe.

Merkwürdig ist, dass in der Kunst diese Farbe weitgehend ausgespart bleibt. Wie herrlich sind rote und blaue Gewänder gemalt, wie prachtvoll ein Goldgelb oder Grün. Ein dunkel-warmes Rotviolett, zwischen tiefem Blau und Karminrot, gibt es so gut wie nie in der Malerei.[4] Wenn Paul Cézanne sagt: »Ich stelle mir die Farben bisweilen vor als große Noumena, leibhaftige Ideen, Wesen reiner Vernunft«, weshalb bleibt dann dieses Wesen ›Violett‹ verborgen? Und mit dieser Farbe, die zwischen warm-aktivem Weinrot und stillem Dunkelblau den Zwischenton darstellt, ist die Bildung eines Innenraumes, der Druse, verbunden. Ein reines ›Innen‹. Die Spitzen (mit dem Winkel des Quarzkristalls, in Drusen stets ohne dessen senkrechtes Schaft-Prisma) zeigen im Glanz das Leuchten der dunklen Farbe.

Der Amethyst regt im Betrachten unmittelbar an, zur Verinnerlichung der Sinne, zur ›Be-Sinnung‹ zu kommen. Andacht und Verehrung des im Stillen Wahrgenommenen werden vermittelt. Das hilft wohl auch im besten Sinne ›gegen den Rausch‹.

Stinkquarze

Unter den Besonderheiten, die unsere Erde birgt, bringen manche gerade durch ihre seltene Eigenart etwas zur Offenbarung, das sonst verschlüsselt und verborgen bliebe.

Irgendwo am Rand der nördlichen Ausläufer des Schwarzwaldes gibt es einen Acker, auf dem kleine, bräunlich-melierte Kristalle oder Bruchstücke davon aufgesammelt werden können. Wenn der Regen über die frisch gepflügte Erde gegangen ist und die oben liegenden Steinchen freigespült hat, entdecken wir dort kleine glatte Mineralien, deren Flächen in bestimmter Weise zueinander angeordnet sind. Es handelt sich, obwohl sie braun gefärbt sind, um Quarzkristalle mit zwei sechseckigen Endpyramiden an einem sechsseitigen Prisma. Diese undurchsichtigen Kristalle haben zwar die jeweiligen achtzehn Flächen meist nicht gleichmäßig ausgebildet, die Winkel jedoch, in denen sie zueinander stehen, bleiben konstant. Insofern sind diese Kristalle in der Idealform des Quarzes doppelendig ausgebildet. Ihren eigenartigen Namen hat man ihnen deshalb gegeben, weil das Material, wenn man es zerschlägt, einen Geruch nach Erdöl bzw. Bitumen freigibt. Dieser Gehalt an erdölartiger Substanz gibt ihnen auch die erdbraune Farbe.

Diese Kristalle haben sich, ohne irgendwo aufzusitzen, frei schwebend im Erdöl aus Quarzgel-Tropfen gebildet, bei ganz bestimmten Bedingungen der Wärme, des Drucks und des chemischen Umfeldes – so stellt man es sich jedenfalls vor. Ihre ›Geschwister‹ sind die berühmten ›Tränen von Carrara‹, die einzelnen, kleinen, vollständig ausgebildeten Bergkristalle, die sich inmitten des Marmors finden, der in Oberitalien gebrochen wird. So wie diese im ihnen völlig fremden Kalk-Milieu entstanden sind, allerdings frei von jeder Vermischung, sind auch die Stinkquarze in fremder Umgebung, jedoch unter Einschluss der umgebenden Stoffe, kristallisiert.

In mancher Sammlung finden sich auch weißliche kleine Doppelender aus dem Sauerland, aus Marokko schwarze Rauchquarze und aus Brasilien rotbraune Eisenkiesel. In welcher Umgebung sich diese Kristalle gebildet haben, ist leider meist nicht mehr bekannt. Ihre Formen zeigen aber keinerlei Stellen, an denen sie ›aufgesessen‹ oder angelagert gewesen wären.

Bei diesen Gebilden wird eine Gesetzmäßigkeit sichtbar, die auch für viele andere Kristalle gilt: Sie haben die Tendenz, sich nach zwei entgegengesetzten Seiten hin mit Endflächen ausbilden. Rudolf Steiner nennt die Ursache dafür:

»Wenn Sie hinschauen auf das Gebirge draußen und einen Quarzkristall finden, so ist er ja gewöhnlich unten aufsitzend; aber da ist er nur gestört durch das Irdische … In Wirklichkeit wird er so gebildet, dass von allen Seiten das geistige Element zusammenschießt, sich ineinander spiegelt, und frei schwebend im geistigen Weltall sehen Sie den Quarzkristall. In jedem einzelnen Kristall, der sich vollkommen nach allen Seiten bildet, kann man eine kleine Welt schauen.«[5]

Solche Stinkquarz-Individualitäten sind mit ihren achtzehn Flächen, genauer gesagt: mit den Winkeln, die die

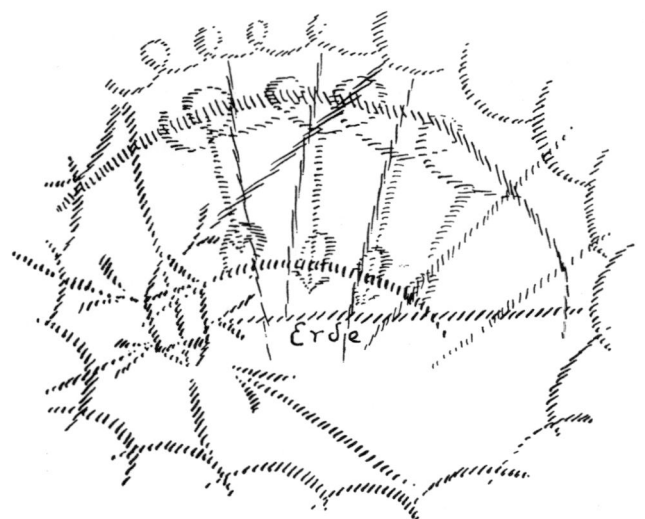

Abb. 2. Quarzkristall unter dem Einfluss kosmischer Formkräfte,
die von allen Seiten ohne Störung durch das Irdische einwirken
(nach einer Darstellung Rudolf Steiners).

Flächen untereinander bilden, vollkommen. Keinerlei
Störung konnte verhindern, dass sie sich, aufsitzend,
nicht hätten vollständig ausbilden können. Das hexago-
nale Kristallsystem ist demnach eine geistige Kraft, die
dort, wo sie entsprechende Bedingungen im Irdischen an-
traf, zu solchen Bildungen führte. Diese Prozesse sind
heute wohl längst abgeschlossen.

Die kristallgeometrische Gestalt eines Quarzkristalls wie
auch eines jeden anderen Minerals würde somit durch
eine kosmische Formkraft bestimmt, die dort, wo sich das
entsprechende Mineral, der entsprechende Edelstein bilden kann, wirksam wird. Dies muss der naturwissenschaftlichen Vorstellung nicht widersprechen, dass die
Kristallgitterstruktur sich aus den Atomen und Molekü-

len herausbildet. Diese Gesetze bleiben ja auch dann bestehen, wenn sich der Stoff nicht kristallin ausbildet.

»Wir sagen uns: Da west im Weltall etwas, was den ganzen Raum erfüllt; der Kristall ist uns die Ausprägung, die Manifestation einer ganzen Welt … Wir erblicken in den unermesslich mannigfaltigen Formen der Kristalle eine Offenbarung einer großen Fülle von Wesenheiten, die sich in mathematisch-räumlicher Gestalt in den Kristallen ausleben. Wir schauen die Götter in den Kristallen an. Das ist noch viel wesentlicher, in Verehrung des Weltenalls, ja in einer Art Anbetung des Weltenalls die wunderbaren Geheimnisse dieses Weltenalls auf die Seele wirken zu lassen, als theoretisch mit dem Kopf irgend etwas zu wissen« (Rudolf Steiner).[6]

Hiernach würde uns ein so kleines Fundstück von jenem Acker, könnte uns so ein kleiner Stinkquarz zu der Frage anregen: Ist es wichtig, ob du an Gott glaubst – oder ob du begreifst, was du vor Augen hast?

Diamant

Was ist eigentlich eine Krone für ein merkwürdiger Gegenstand? Sie ist keine Kopfbedeckung, und doch trugen sie ganz bestimmte Menschen auf dem Haupt. Sie ist keineswegs nur Zierde, denn sie wurde und wird nur zu hochoffiziellen Anlässen als höchstes Signum des Amtes und der Würde getragen. Was in einem Kaiser- oder Königshaupt sein sollte, strahlt sie aus: mehr als nur eigene, persönliche Gedankenkraft, sondern reine, objektive, widerstrahlende Weltsubstanz. Das Kostbarste war gerade gut genug, sie zu schmücken, und dies waren die edelsten Steine, unter ihnen der härteste, der Diamant.

Die wohl kostbarste Krone, die es je gegeben hat, ist die des letzten brasilianischen Königs Dom Pedro II., die in Petropolis bei Rio de Janeiro aufbewahrt und ausgestellt wird. Sie erglänzt und blitzt mit Hunderten großer und kleinerer Diamanten. Das Licht, mit dem sie angestrahlt wird, bricht sich und wird reflektiert in unzähligen Strahlen, als werde es im Innern der Diamanten erst Wirklichkeit und dort erst erzeugt, denn es erglänzt in seiner Vielfältigkeit und Vielfarbigkeit unendlich stärker, lebendiger, interessanter als da, wo es von irgendwelchen Lampen ausgeht.

Gott selbst, so glaubte man in vergangenen Zeiten, habe den König oder Kaiser in sein Amt eingesetzt. Insofern sollte sein Bewusstsein vom göttlichen Licht erleuchtet sein. Jedem anderen Menschen, der gewiss auch am göttlichen Licht teilhaben mochte, leuchtete es mehr gnadevoll, mehr unbewusst und allgemein ein. Dem jedoch, der die Würde trug, billigte man das vielfältig differenzierte, vom allgemeinen Geisteslicht entzündete allseitig erleuchtete Bewusstsein zu – oder man wünschte es ihm wenigstens. Das kam sinnbildlich in der Krone zum Ausdruck.

Woher kommen die Diamanten? Es gibt mancherlei Fundstellen auf der Erde. Eine davon haben wir kennen gelernt. Wenn heute jemand die Mittel hat, kann er sich in Brasilien einige Kilometer Fluss mit Ufern kaufen, um dort die Bodenschätze auszubeuten. Nördlich von Diamantina im Staate Minas Gerais trafen wir auf viele Arbeiter, die im Fluss standen und die Seifen, wie man den Flusssand nennt, per Hand in flachen Körben spülten. Der Aufseher, es war sicher nicht der Besitzer selbst, ging freundlicherweise auf unser Interesse ein, indem er einen Arbeiter herbeiwinkte und ihm befahl, zwei Schaufeln Sand in seinen flachen Bambuskorb zu füllen. Dann zog er einen erbsengroßen Rohdiamanten aus seiner Brusttasche und steckte ihn in den Sand. Man findet nämlich nicht in jedem Korb einen Diamanten, es kann Stunden oder Tage dauern, bis man fündig wird.

Wir waren verwundert über diese Leichtsinnigkeit, wurden aber rasch eines Besseren belehrt. Der Arbeiter senkte jetzt den Korb, selber im Wasser stehend, so weit in den Strom, dass das Wasser von unten her bis zum oberen Rand des Korbes stieg. Dann drehte er den Korb mit gleichmäßigem Schwung hin und her. Nach einigen Minuten hob er ihn hoch, drehte ihn um und warf seinen Inhalt auf eine trockenere Sandstelle. In der Mitte des Sandkuchens sah man nun eine schwarze runde Fläche, bestehend aus winzigen Magnetit-Körnern, den Okta-edern eines Eisen-Minerals. In ihrer Mitte strahlte, un-übersehbar, der große Diamant, hell wie der Sirius am dunklen Nachthimmel. Es bestand keine Gefahr, ihn nicht mehr zu finden. Während der Spülprozedur des Sandes im Wasser sortieren sich alle Teile so, dass die schwersten zuunterst zu liegen kommen. Der Diamant ist das gewichtigste Material, und also liegt er beim Umkeh-ren des Korbinhalts obenauf.

Wie viele Monate und Jahre mögen Sklaven im nassen Sand des Flusses so gestanden sein, noch weit dürftiger entlohnt als heute die Arbeiter dort, bis die Krone des brasilianischen Königs mit jener Vielzahl von Diamanten versehen war? Wie viele Peitschenhiebe mögen sie be-kommen haben, sie, die kaum von ihrer Arbeit leben, geschweige denn menschenwürdig leben konnten? Das ist die finstere Kehrseite solcher Edelsteine.

Wer bestimmt ihren Wert? Derjenige, der die Mittel hat, die Fundstelle zu kaufen und die Diamanten in der fernen Großstadt dem Handel anzubieten. Der Wert *ist* nicht, er wird von Menschen gemacht.

Nun kommt noch der Schliff hinzu. In Amsterdam kann man den Schleifern heute zusehen. Es sind geübte Facharbeiter, die das feine, verantwortungsvolle, stumpfsinnige und heilige Geschäft jahrzehntelang betreiben, aus den Diamanten ein Organ für das Licht zu machen.

Eine Krone zu tragen ist heute nicht mehr zeitgemäß. Zur Königswürde aufzusteigen ist ein innerer Vorgang geworden. Damit dem Menschen das Geisteslicht in sein Bewusstsein dringe, und wenn es nur so viel wäre wie das Leuchten eines einzigen Diamanten, muss er schon selbst – im übertragenen Sinne – die Strapaze auf sich nehmen und sich in die ›Seifen‹ stellen und den Sand des Alltags im Strom des Lebens waschen. Und wenn er fündig würde, mit viel Geduld, sollte er selbst sehen, wie er den Diamanten zu schleifen in der Lage ist. Viel Übung gehört dazu!

Beryll

Das Wunderbarste, das die Erde geheimnisvoll in ihrem Innern trägt, sind die farbigen Edelsteine. Wie Blüten erwuchsen sie, als vor langer Zeit die Erde noch lebendiger war. Heute findet man sie im Felsgestein oder auch, wo dies schon uralt, zerfallen und weich ist, im Erdboden. An manchen Stellen kommt dann das Wasser und spült diese Kostbarkeiten heraus, wobei sie meist ihre kantige Kristallform verlieren.

Ein solcher Stein heißt Beryll. Man findet ihn in sechskantigen Säulen, zartgrün, bläulich grün durchscheinend oder auch klar wie Glas (Farbtafel VI). Ursprünglich wurden die ›Sehgläser‹ aus diesem Edelstein geschliffen. Daher der Name ›Brille‹. Beryll hilft beim Klarsehen.

Beryll kommt auch unedel vor, erdig getrübt. Dann bildet er ebenfalls grünliche Säulen aus, die mächtig wie

Baumstämme sein können. Als es möglich geworden war, diesen Stein chemisch zu analysieren, nannte man das metallische Element, das er charakteristischerweise enthält, Beryllium.

Auch bläulich findet man den Beryll; in feinster Qualität nennt man ihn Aquamarin – Meerwasser. Rosa Varietäten heißen Morganit, der chromgrüne ist der Smaragd.

Ursprünglich verwendete man die Edelsteine in jener Form, wie sie die Seifen uns bieten, gerollt, rundlich. So schmücken sie die heiligen Schreine, Kronen und Kreuze alter Zeiten. Allein durch ihre Transparenz und ihren inneren Schein sollten sie wirken. Mittlerweile geben Steinschleifer, die ihr Handwerk verstehen, den Edelsteinen bestimmte Kanten und Flächen, wodurch das in sie einfallende Licht so gebrochen wird, dass es möglichst vollständig reflektiert wird. Damit holen sie aus dem stillen Glanz ein Feuer und ein Blitzen hervor, das einen sinnenfälligeren Schein erweckt als der runde Cabochon-Schliff.

Wenn wir uns das Paradies, wie es geschildert wird, als Garten vorstellen, wäre es zu erwarten, dort die Urbilder aller Blumen wiederzufinden. So haben es auch die Maler früher gezeigt. Ahnungsvoll leuchtet in ihren Bildern etwas Paradiesisches um jede Blume. Betrachtet man aber einen Edelstein, so verbindet der Mythos damit noch über dem Paradies liegende Geistesebenen. Von dort mögen diese Steine ihren Glanz haben. Der Prophet Ezechiel oder auch der Seher Johannes konnten in den Himmel hineinschauen: Vor dem göttlichen Thron erblickten sie ein »kristallenes Meer«, wohl also das Urbild des Aquamarins, kühl, blau und klar. Und um den Thron schimmerte es grün wie Smaragd, wie der kostbarste Beryll.

Man greift schon hoch hinaus, will man eine unmittelbare Wirkung von Blumenblüten feststellen und charakterisieren, noch höher allerdings müsste man aufsteigen, um

Wesen, Wirkung und Heilkraft der Edelsteine zu beurteilen. Deshalb verzichtet man meist auch darauf und spricht stattdessen von nicht nachvollziehbarer ›Eingebung‹.

Die Möglichkeit, dem Menschen zum Klarsehen zu verhelfen, ist eine Gabe des Beryll. Sehen ist dabei gesteigert: Es ist mehr als nur ein Sehen! Sieht der Mensch wirklich, was er sieht? Hier muss ein Sinn angesprochen werden, der weiterführt, ein geistiges Sehen durch den Gedankensinn. Dabei reflektiert oder assoziiert das Denken nicht mehr, sondern schaut geistige Wesenheit. Dadurch kann ein Mensch erst wirklich verstehen. Er opfert sein Eigenbewusstsein und verwandelt es »zum Mitbewusstsein mit der geistigen und seelischen Wesenheit der anderen Wesen in der Welt. Im verständnisvollen Mitdenken entzündet sich das Mitgefühl und aus ihm das umfassende, echte Mitleid. Diese Tugend, die im klaren, reinen, durchsichtigen, dabei sehr harten Beryll sinnenfällig erscheint, ist eben bewusstes, durchdachtes, verständnisvolles Mitdenken, Mitfühlen, ja Mitwollen. Hier liegt dem Denken eine Kraft des Herzens zugrunde, dem Verstand die Vernunft« (Friedrich Benesch).[7]

Die höchsten Hierarchien sind es, die in solcher Art sich des Menschen annehmen. Sie nähern sich dem Menschen niemals so, dass er sie als ›Anderes‹ und damit als Störendes empfindet, – er bemerkt sie nicht. Sie aber wollen diese Möglichkeiten dem Menschen vermitteln, und das kann vom Edelstein Beryll ausstrahlen.

Ornamente – Kunst und Natur

Ornamente sind buchstäblich ›Randerscheinungen‹. In der Kunst treten sie als Rahmen auf, als Türumfassungen, als Gesimse, zur Gliederung der Bauteile, der Wände und der Decke. Sie werden als Gürtel (griechisch ›zoné‹) oder als Borten an Gewändern angebracht und als Zierleisten an Geschirr und Gerät.

Ornamente treten aber auch in der Natur auf, weniger festgefügt, aber umso zahlreicher: An den Stränden der Meere als Brandung, zwischen Wasser und Luft als Wellengekräusel oder Wogen, an den Waldrändern als freier Rhythmus der Pflanzen, entlang der Wege als Zierrat der Blumen.

Ornamente ergeben sich als Rhythmen zwischen den unterschiedlichen Elementen, die wiederkehren als Auf und Ab, als verdichtet und lose, als Zusammenziehen und Ausdehnen, als Wendungen von der einen in die entgegengesetzte Polarität.

Das Wasser folgt der Gesetzmäßigkeit, nicht geradlinig abzulaufen, sondern ins Schwingen zu geraten. Von dem Fluss Büyük Menderes, dem Großen Mäander in Anatolien, leitet man den Ausdruck des ›Mäanderbandes‹ ab, in dem eine einwickelnde Form von einer auswickelnden beantwortet wird, um sich nach der entgegengesetzten Seite hin wiederum ein- und auszuwinden.

Am deutlichsten wird jedoch das natürliche Ornament am Pflanzenwuchs sichtbar: Um die Achse des Stängels herum, an dem Streckung und Knoten wechseln, stehen die Blätter und in deren Achseln die Blüten. Wir sehen vor uns: Stängelstreckung, dann den Knoten als Verdichtung, von dem aus das Blatt eine meist horizontale Ausdehnung macht und dem der Kelch unter der Blüte eine Zusammenziehung entgegensetzt, worauf wieder eine

Abb. 3. Drei Beispiele für Rahmenoramente um die Deckentafeln der romanischen Kirche in Zillis, Graubünden.

neue Art der Dehnung in der Blüte folgt. Dieser Rhythmus wiederholt sich von Stufe zu Stufe an der Pflanzenachse, bisweilen spiralig, ansonsten auch einfach versetzt. Die Pflanze lebt im Rhythmus ihrer Formen und bildet somit ständig Ornament.

Somit lag es nahe, Pflanzen zu Kränzen und Girlanden zu flechten und aufzuhängen. Das tat man nicht immerzu, sondern nur dann, wenn es einen Anlass gab, die Seelen festlich einzustimmen, sich zu erheben. Und dadurch entstand wiederum ein Dazwischen: indem man sich zu einem höheren Bereich erhob. Dann wurde gehobene Sprache in Rhythmen gesprochen als Zeitornament, dann wurde getanzt als lebendiges, musikalisch gestaltetes Ornament.

In der romanischen Kirche zu Zillis in Graubünden, direkt oberhalb der Schlucht ›Via Mala‹, einer der ältesten Wegstrecken, die über die Alpen führen, finden wir eine vollständig erhaltene bemalte Decke. Um 1130 sollen die einhundertdreiundfünfzig Tafeln entstanden sein, hauptsächlich mit Szenen aus dem Leben und Wirken Christi. Jede einzelne Tafel ist mit Ornamenten umgeben (siehe Abb. 3); außerdem ist die Decke als Ganzes mit einem Fries von achtundvierzig Feldern eingefasst. Die Tafeln, die an die Wände grenzen, haben somit durchlaufend zusätzlich zu den Einzelornamenten alle das Wasser mit entsprechenden Wellenmotiven zum Inhalt. Auch die Wesen, die dort auftreten, sind Mischwesen. So ist die ganze Decke von ›Wasser‹ umgeben, und zusätzlich schwingt ein Mäanderband unter der Decke an allen vier Wänden entlang.

Man hat die Decke mit den aus ähnlicher Zeit stammenden Weltkarten verglichen. Doch der die Erde umgebende Ozean dürfte nicht das einzige Motiv für die Wasserornamente ringsum sein. Hier geht es darum, dass aus einem höheren Bereich (sozusagen über der Decke) sich in den menschlichen Vorstellungsraum hinein eine Wirklichkeit offenbaren will: das gegenwärtige Evangelium. Dazu gehört jedoch ein Medium, durch das das Gotteswort Bildgestalt annehmen kann: das Ornament als Zeichen für die Bildekräfte.

Wir finden um die ganze Decke herum das Mäanderband und die Wasserszenen, ebenfalls finden wir um jedes Einzelbild eine Rahmenleiste aus mineralischen Formen: Diamant- bzw. Zahnstangenreihen und dann, jeweils verschieden, Spiralen, Kordeln, zentrierte und gestreckte Motive im Wechsel. Aus diesen Ornamenten als Abbild rhythmischer Lebensvorgänge können die Bilder des Evangeliums heraustreten wie der wiederkommende Christus aus dem Wolkenbereich.

Ein weiteres, sehr bekanntes Beispiel für Ornamentkunst ist das sogenannte Mausoleum der Galla Placidia in Ravenna aus dem 4. Jahrhundert. Auch hier finden wir zahlreiche Wellen- und Mäanderbänder, die an den Rändern verlaufen. Sind sie wirklich nur zum Zierrat angebracht?

*Abb. 4. Zentrierte Ornamente an der Decke des sog. Grabmals der
Galla Placidia, Ravenna.*

Hinzu treten hier Blüten- bzw. Sternmotive (Abb. 4), die
große Deckengewölbe-Flächen überziehen und rhythmisch Zentren bilden. Die unten und an den Kanten ver-
laufenden mehr wässrigen Formen geben das Element
wieder, aus dem der Künstler selbst geschöpft hat: Bilder
tauchen auf. Die astralen Formen leuchten ornamental als
Ausdruck kosmischer Ordnung in die Welt der Bilder
hinein. Fließende und zentrierte Ornamente stehen zueinander wie die Blätter- zu den Blütenformen bei den
Pflanzen.

Als drittes Beispiel fügen wir ein Ornamentband aus
Delphi hinzu: Nach außen sich entfaltende Palmettenmotive wechseln mit geschlossenen Kelchformen, während
dieser Rhythmus von unten durch einen Daktylus trom-
melartig begleitet wird: kurz-kurz-lang in dreifacher Ge-
schwindigkeit. Der Reigen zwischen Entfaltung und
Festigung wird durch überschwingende und unter-
schwingende Bänder ergänzt.

Abb. 5. Ornamente im Schatzhaus der Knidier, Delphi.

Indem die Menschen durch diese und zahlreiche weitere Rhythmen der Musik, des Tanzes und der Sprache an heiliger Stätte beeindruckt wurden, konnten sich ihre Seelen harmonisieren und dem Schauen höherer Wesen, der Geistwirklichkeit ihrer Götter öffnen.

Haben die Bildhauer, Tänzer und Musiker, die Kultus-Schaffenden, die Natur nachgeahmt? Gewiss, insofern sie die Natur mit ihren Rhythmen einbezogen haben, den Tanz der Tage, der Jahreszeiten, der Planeten, das Wogen des Wassers, die Blattmotive und Blüten der Blumen. Unglaubhaft wäre jedoch, dass die steinernen Ornament-Girlanden nur ein dauerhafter Ersatz für Pflanzen gewesen sein sollten bzw. dass es nur darum gegangen wäre, diese oder jene Pflanze, sei es Efeu oder Granatapfel, Weinrebe, Farn oder Aster, naturgetreu darzustellen, auch wenn dies vereinzelt geschehen sein mag.

Wir wollen nach der gemeinsamen Wurzel von religiös angewandter Kunst und Natur suchen, der gemeinsamen Quelle, aus der das natürliche und das künstlerische Bilden hervorfließt. Auf der alten Agora in Athen hat man ein sehr schönes korinthisches Säulenkapitell aufgestellt und daneben eine Staude des Akanthus mollis gepflanzt. Vitruv berichtet, dass der Bildhauer Kallimachos durch den Anblick einer Akanthuspflanze, die auf dem Grabe eines Mädchens wuchs und in die ein Opferkorb gestellt worden war, zur Schaffung des korinthischen Kapitells angeregt worden sei.

Doch was hat er wirklich nachgebildet? Waren es nicht die Lebenskräfte des verstorbenen Mädchens, denen der Künstler Gestalt verlieh, freigesetzt im Wirkungsfeld der entgegengesetzten Kräfte von Erde und Sonne, so wie auch die Pflanze zwischen Erden- und Sonnenkräften ihre Blattgestalt entfaltet?

Die schöne Akanthuspflanze steht zwar in keinem Verzeichnis der Flora von Deutschland, doch wächst sie gerne in unseren Gärten und Parks, wenn sie genügend Feuchtigkeit bekommt (Farbtafel VII). Ihr Blatt ist sehr schön in Spreite und Zusammenziehung gebildet, jedoch hat der Vergleich mit dem korinthischen Blattmotiv nichts Zwingendes. Außerdem dürfte der bei uns wachsende weiche Akanthus in Korinth weniger gut gedeihen, sondern eher sein Bruder Akanthus spinosus, dessen Blätter wiederum sehr viel distelartiger gestaltet sind.

In der Gestaltung des Säulenkapitells vom Hera-Tempel auf der Insel Samos (Farbtafel VIII) wechseln zwei Formen miteinander: eine weiche, runde, hängende mit einer gestreckten, stabförmigen. Dazwischen jeweils eine verbindend vermittelnde Form. Wer diesen Wechsel nachzuempfinden versucht, erlebt ein Pulsieren zwischen Schwellung und Streckung. Man kann durchaus die Gedankenverbindung zu einem drappierten Tuch herstellen, das von einem Tisch, einem Altar herunterhängt. Man hat die Falten gerafft und zwischendrin die weiche Form hängen lassen. Man kann mit einem fließenden Gewebe jenes

Pulsen nachahmen, das die Künstler hier in Stein gehauen haben. Der Lebenspuls ist das Primäre, die Gestaltung in Stoff oder Stein das Spätere.

Zwischen den Trümmern des Hera-Tempels findet sich auch ein ornamentierter Stein, ein Fries, der den Tempel einst geziert haben mag (Farbtafel IX). Zunächst also, so scheint es uns heute, ein Schmuck, ein Zierrat. Näher betrachtet folgen die wohlgemeißelten Formen aber einer bestimmten Gesetzmäßigkeit. In der oberen Reihe wechseln ausströmende mit deutlich eingezogenen Palmettenformen ab. In der mittleren Reihe sind schwellende mit gestreckten Elementen im Wechsel zu sehen, und darunter ein Stabornament, das den Daktylus-Rhythmus zeigt. Oben wird also ein Atembewegungs-Rhythmus ins Bild gebracht, in der Mitte Pulsbewegung, unten ein Takt-Schritt, von oben nach unten jeweils in verdoppeltem Zeitmaß. Damit finden sich drei Ebenen der menschlichen Natur angesprochen, die sich aufeinander beziehen und doch deutlich verschiedenen Charakter tragen: Die oberen Palmettenmotive zeigen die seelische Sphäre des Menschen in atmendem Wechsel, die zweite Reihe pulsiert und zeigt die Lebenskräfte in weiblicher und männlicher Form, die dritte misst den Takt des Physischen. Menschen, die zu feierlichem Anlass solche Ornamente betrachteten, fühlten sich dreifach angeregt, rhythmisch bewegt und erlebten Heilung durch Harmonisierung.

Natur und Kunst, so dürfen wir schließen, stammen beide aus dem gleichen Bereich der Lebenskräfte, die sich in Rhythmen, in Polaritäten, in wiederkehrenden Formen offenbaren. Der echte Künstler muss zu den Quellen dieses Lebens hinabsteigen, um wirklich kreativ zu werden, sei er Musiker oder Tänzer, Dichter, Architekt oder Maler.

PASSIONSZEIT

Wer sind die Bäume?

Das natürliche Maß des menschlichen Körpers scheint sinnvoll auf die Ausdehnung der Erde und die Dimensionen der Naturerscheinungen abgestimmt zu sein. Zum Beispiel sehen wir die Landschaft, die Erdoberfläche so, dass uns die Erde als Tafel, als ebene Scheibe erscheint. Das entspricht unserem Lebensgefühl, selbst wenn man durch feinere Beobachtungen gelegentlich die Wölbung der Erdoberfläche bemerken kann. Oder Mond und Sonne, obwohl sie so extrem verschieden in ihren Ausmaßen sind, wirken als Himmelserscheinungen gleich groß. Deshalb haben sie als Qualitäten für uns etwas Vergleichbares.

Wir sind auf der Erde in den Raum hinein organisiert. An unserem Leib erfahren wir, dass es drei Achsen gibt: oben – unten, rechts – links, hinten – vorne. Daraus ergibt sich unser natürliches Bewusstsein vom Raum. Doch diese drei Dimensionen sind in ihren Qualitäten außerordentlich verschieden:

Wenn wir die Achse *unten – oben* betrachten, so gibt sie eine Richtung an, in der wir uns kaum bewegen: Unter uns bleibt der Boden, über uns der Himmel stets derselbe. Die Bewegungen, die entlang dieser Achse erfolgen, Aufstieg und Fall, beobachten wir zwar, vollziehen sie selbst aber nur wenig mit. Für die Ersteigung eines Gipfels oder das Hinabsteigen in die Tiefen eines Bergwerks sind zweitausend Meter schon viel, während diese Strecke auf ebener Erde zurückgelegt – also ›von hinten nach vorn‹ – sehr wenig bedeutet. Die Senkrechte bleibt ›statische Richtung‹.

Rechts – links empfinden wir völlig anders: Wir schauen auf das, was neben uns ist. Es handelt sich ohnehin nicht um eine Fortbewegungsrichtung. Wir *erleben* Mitwelt, Nachbarn, Umgebung, in der wir zu Hause sind oder mit der wir bekannt werden wollen. Wir sind dazu veranlagt, im ›Rechts-Links‹ zu geben und zu nehmen, aktive oder passive Beziehungen zu dem Neben-Uns aufzunehmen.

Die Richtung *von hinten nach vorn* dominiert uns. Wir fragen nach dem Woher und Wohin, wir legen Wege zurück auf der Erdoberfläche, jeweils mit einem bestimmten Ziel, einem bestimmten ›Sinn‹.

Die drei Grunddimensionen sind Lebens-Qualitäten für uns und stellen in ihrer jeweils doppelten Ausgestaltung Erlebnis und Bild einer Trinität dar:

Senkrechte: was uns trägt und über uns ist, das Grundsätzliche;

Waagerechte: was neben uns ist und Verbindung oder Gleichgewicht bedeutet;

hinter und vor uns: Herkunft, Richtung, Sinn, Geist.

In uns treffen sich die Achsen oder sie gehen von uns aus. Darauf beziehen wir, was uns umgibt.

Die Bäume: In Gruppen, in Reihen, an Straßen und in Gärten, in lockerem Bestand über das Land hin oder in den Wäldern sind sie unsere Vertrauten. Sie markieren den Ort. Sie bleiben, auch dann, wenn sie im Jahreslauf ihr Erscheinungsbild verändern. Sie orientieren uns in der Senkrechten, und auch an unserem Neben-Uns haben sie großen Anteil: der Baum vor dem Haus, die Allee, durch die wir täglich gehen, ein Obstbaum im Garten, den wir seit früher Kindheit immer angeschaut haben. Das Halboval, das ihr Schatten mit dem Gang der Sonne beschreibt, vermittelt uns ein Gefühl für die Tageszeiten. Doch der wichtigste Einfluss, den sie auf uns ausüben, liegt in der Richtung ihres Stammes: Tiefer als wir sind sie dem Boden treu in ihrer Verwurzelung, höher als wir greifen sie hinauf. Aus dieser Richtung rührt unser Vertrauen zu ihnen, das Bleibende, das Beschützende schenkt uns Glaubenskraft. Der aufrechte Stamm, in seinem Umfang etwa wie der Menschenkörper, vermittelt Daseins-Gewissheit.

Bäume haben ein ›Unten-Oben‹ und sie haben etwas um und neben sich, doch die dritte Richtung, die für uns, insbesondere in unserer Gegenwart, das Wichtigste zu sein scheint, haben sie nicht: das ›Woher‹ und ›Wohin‹, den Weg, auf dem es weitergeht, der zum Ziel führt.

»Wer vom Ziel nicht weiß, kann den Weg nicht haben, wird im selben Kreis all sein Leben traben«,[8] dichtet Christian Morgenstern. Dem Menschen ist es eingeboren, dass er nach einer Richtung fragt und sich auf den Weg macht. Dabei muss er die Bäume hinter sich lassen. Wer »im selben Kreis« bleibt, kann bei den Bäumen wohnen, kann der Heimat verbunden bleiben.

Wer etwa in Griechenland Olivenbäume auf seinem Grund und Boden pflanzt, wird von ihrem Ertrag selbst nicht mehr profitieren. Er setzt sie für seine Kinder, doch nur insofern sie in der Heimat bleiben und sich nicht auf den Weg machen. Eine Mitgift sind sie, die Olivenbäume, bei der Heirat, wenn der Hausstand in der Heimat gegründet wird und dort bleibt.

Es war sinnbildhaft, als Bonifatius die Eichen bei Fritzlar umhauen ließ, als er für das Christentum missionierte: »Es ist die Axt den Bäumen an die Wurzel gelegt.« Der Missionar verwirklicht, was Johannes der Täufer verkündet hat: »Bereitet den Weg …« – Entwicklung kann es nur geben, wo sich einer auf den Weg macht, wo er seine Heimat und die Erde, in der er und sein Stamm wurzeln wie die Bäume, verlässt. Heimatlosigkeit bedeutet den Gang durch die Wüste. Wenn Abraham noch heilige Bäume im gelobten Land hatte, Moses musste auf sie verzichten.

Aber nun muss es – so fühlen wir – genug sein mit der

Rodung der Wälder. Mit der Wüste, der Entfremdung, mit der Heimatlosigkeit muss es ein Ende haben: Der verlorene Sohn muss zurückkehren zu den Bäumen seines Vaterhauses. Wir müssen wieder Bäume pflanzen, Zeichen des Bleibens setzen. Denn wo die den Bäumen innewohnenden Dimensionen, das Wurzeln in der Tiefe, das Bewusstsein vom Ort unter den Ästen der Heimat, verloren sind, da geht das Gefühl sowohl für den Glauben wie für die Beziehung zur Mitwelt, für das ›Neben-uns‹, verloren.

Das Abholzen der Wälder für den Straßen- und Pistenbau, das Schlagen der Edelhölzer in den Tropen, die Verarbeitung des Holzes für die Papierindustrie dienen einem ›Fortschritt‹, einem ›Geist‹, der zur Selbstzerstörung der Kultur führt, der er doch eigentlich dienen will. Aus solcher Dimension des Geistes entsteht der Verlust, wird Wüste.

Man ist entsetzt über die Hochwasserkatastrophen, die da und dort unvorhersehbar über die Anwohner der Flüsse hereinbrechen. Die Ursachen sind vielfältig und schwer zu verstehen, doch weiß man inzwischen, dass sie vor allem in den Quellgebieten der Nebenflüsse und Bäche gesucht werden müssen, wo die Wälder geschwunden und die Bachläufe begradigt worden sind, wo der Baumbestand zerstört wurde. Wo Bäume sind, wird Wasser zurückgehalten. Sie sorgen für Grundwasser. Wenn sie fehlen, läuft der Regen ungehindert ab und führt zu Zerstörungen.

Bäume haben eine Fähigkeit, die im innermenschlichen Bereich der Erinnerung, dem Bewahren entspricht. Das vorüberfließende, unorganisierte Leben bedarf der Gestaltung, die dort geschieht, wo man Bäume setzt. »Ich schnitt' es gern in alle Rinden ein«[9] – so möchte der Liebende die Erinnerung an die Liebe bewahren. Es ist zwar keine Tugend mehr, so mit Bäumen umzugehen, doch entspricht es dem Bedürfnis, etwas lebendig zu erhalten, was einem von Wert ist.

Es kann nicht darum gehen, zu den Stammbäumen der Ahnen zurückzukehren, wohl aber darum, neue Orte des Bleibenden zu schaffen. Dann erst kann zu dem Glauben, den die Aufrechte der Bäume vermittelt, zur Liebe, der sie Umraum bieten, wirkliche Hoffnung entstehen, dass Unterwegssein und Mobilität noch nicht alles ist und Fortschritt nicht nur Zerstörung bedeutet.

Die heilige Veronika des Meisters von Flémalle

Um das Jahr 1430 hat ein Maler, dessen Name wir heute nicht mehr kennen, in der Abtei Flémalle in Belgien eine Reihe von Altartafeln geschaffen. Nur einzelne Bilder sind uns davon erhalten geblieben, darunter die Darstellung der heiligen Veronika, die heute im ›Städel‹, der städtischen Kunsthalle in Frankfurt, zu betrachten ist (Farbtafel X). Wir sehen sie uns besonders gerne an, weil zu Füßen der Heiligengestalt eine ganze Reihe von Heilkräutern sehr genau wiedergegeben ist: Maiglöckchen, Wegerich, Löwenzahn, Taubnessel, Lungenkraut, Borretsch und auch Odermennig.

Es ist durchaus merkwürdig: In der Malerei vorhergehender Jahrhunderte wurden wohl auch Pflanzen dargestellt, aber man vermochte sie nicht bis in alle Einzelheiten wiederzugeben – oder es lag den Meistern noch nichts daran. Ein Jahrhundert später wiederum malte z.B. Albrecht Dürer sehr genau einzelne Pflanzen, die Akelei, das Schöllkraut, aber dann durchaus einzeln für sich und nicht mehr im Zusammenhang mit Heiligenbildern. Wir haben es mit wenigen Jahrzehnten zu tun, in denen man

Abb. 6. Odermennig.
Detail aus Farbtafel X.

in der Kunst sowohl heilkundig-naturwissenschaftlich und zugleich gläubig-andächtig Natur und Heiliges verbunden hat. Das allseits bekannte Frankfurter ›Paradiesgärtlein‹ ist in dieser Beziehung ein Kleinod aus dieser Zeit und ebenso die Tafeln vom Meister von Flémalle, darunter das Bild der heiligen Veronika.

Wir wollen zunächst die Gestalt der Heiligen betrachten: In einem prächtigen, roten, faltenreichen Gewand sehen wir eine ältere Frau vor uns mit betrübtem Blick, den sie auf den Betrachter richtet. Sie trägt eine große Haube von weißen Tüchern. Auf einem allerfeinsten Seidentuch hält sie das Antlitz Christi vor sich hin und zeigt es uns. Dieses dunkle Antlitz befindet sich gerade vor ihrem Herzen. Veronika, so erinnern wir uns der Legende, hatte dem auf dem Kreuzweg zusammengebrochenen Heiland ein Tuch gereicht, damit er sich den Schweiß abwischen konnte. Als sie das Tuch wiederbekam, hatte sich sein Abbild darauf eingeprägt. Dieses Bild galt als das ›vera icon‹, das wahre Bild Christi, das dann der Hilfreichen den Namen gegeben hat: Veronika.

Diese Altartafel sagt mehr aus als die Worte der Legende. Das feine Tuch, das Veronika vor dem Herzen trägt, weist darauf hin, dass sie das wahre Bild Christi in den feinsten ›Gewebe-Zusammenhang‹ ihres Wesens aufgenommen hat. Sie trägt es in ihrem Lebens- und Seelenleib.

*Abb. 7. Blatt des Odermennigs, Schattenriss,
etwa ¹/₂ der natürlichen Größe.*

Mit großer Feinheit und Sorgfalt hält sie das Tuch vor sich
hin, während zu ihren Füßen die Heilpflanzen sprießen
und ihr zu Diensten sind.

Betrachten wir nun eines dieser Heilkräuter genauer:
Odermennig ist eine unscheinbare, heute fast unbe-
kannte Pflanze. Er findet sich an den Buschrändern der
Wälder, an Hecken und Halden. Seine Erscheinung ist

zunächst wie die einer sehr dünnen, viel zu kleinblütigen Königskerze. Doch ist er viel weniger weich als jene. An dem starken, leicht bepelzten, manchmal rötlichen Stängel entbreiten sich zunächst unten die außerordentlich rhythmisch gegliederten Blätter. Sie stehen am Stängel in Zwei-Fünftel-Abstand; von oben her gesehen ergibt sich wie bei den Rosen ein Fünfstern. Am Blattstielansatz stehen zwei großgezackt-rundliche Blätter, Nebenblätter, dann folgen rechts und links vom Blattstiel erst zwei kleine, dann zwei größere, dann wieder kleinere und schließlich große Blättchen. So setzt sich der Rhythmus fort, bis am Ende drei große Blätter beieinander stehen. Alle sind kräftig gezahnt, ihre obere Seite ist saftig grün, die untere mattgrün. Den Blütenstand oben am Stängel bilden viele ganz kleine goldgelbe, fünfstrahlige Blütchen, die spiralig angeordnet sind. An der Spitze sind sie noch Knospen, unten an der langen Ähre sind sie schon verwelkt. Dort bilden sich die kleinen Früchte, die, mit Klettenhäkchen versehen, am Fell der Tiere oder der Kleidung der Menschen haften bleiben und mitgetragen werden.

Sein Name Odermennig ist aus dem lateinischen Namen ›agrimonia‹ hervorgegangen. Jahrtausende lang hat er die Menschen als Heilpflanze begleitet. Bei den Ägyptern war er gegen Augenleiden bekannt, auch der griechische Heilkundige Dioskurides empfahl ihn. Im neunten Jahrhundert schrieb der Mönch Walahfrid Strabo im Kloster Reichenau ein Lehrgedicht über den Gartenbau, in dem der Odermennig vorkommt:

»Hier ist auch die Agrimonia (sarcocola), die die Felder weit und breit in reicher Fülle bedeckt und, im unfruchtbaren Schatten der Wälder gefunden, wächst: Sie ist durch schöne Anordnungen leicht zu unterscheiden. Außer der mannigfaltigen Ehre ihrer vielfältigen Wirksamkeit bezähmt sie, gerieben, das Übel des Bauchs und, getrunken, den Schmerz. Wenn etwa ein feindlicher Stahl unseren Gliedern Wunden beigebracht hat, sollen wir ihre Hilfe versuchen und dem offenen Teil die abgeschnittenen Sprossen auflegen. Durch diese Kunst werden wir die volle Kraft wieder erlangen, wenn nur der beißende Essig dem Brei zugefügt wird.«

Auch Hildegard von Bingen beschreibt die Pflanze als Hilfe gegen viele Leiden, ebenso Albertus Magnus und andere Heilkundige in ihren Kräuterbüchern bis in das 16. Jahrhundert.

Warum wurde diese Pflanze so hoch geschätzt und wie mag es kommen, dass sie so vergessen werden konnte? Würde man sie Jahrhunderte, vielleicht Jahrtausende hindurch gepriesen haben, wenn sie nicht wirklich helfend wirksam gewesen wäre?

Ist es denkbar, dass Heilkraft verloren geht oder dass man für ihre Wirkung taub geworden ist? Wenn eine Heilpflanze gegen so viele Krankheiten helfen soll – wir haben diese hier nicht alle aufgezählt –, dann tritt leicht die Vermutung auf, es könne wohl viel ›Glauben‹ mit der Heilkraft verbunden gewesen sein.

Unsere heutigen Vorstellungen gehen dahin, dass ein Heilmittel sehr spezifisch und eng begrenzt wirken soll und darum in diesem begrenzten Bereich umso wirksamer ist. Andererseits ist jedoch denkbar, dass die Vielfältigkeit der Wirkung davon kam, dass der gesamte Lebensorganismus so angeregt und gestärkt worden ist, dass sich dadurch die einzelnen Symptome bessern und heilen ließen. Waren Menschen in ihren Krankheiten unter Umständen für eine solche ganzheitliche Wirkung aufgeschlossener als wir es heute sind, und zudem von einer seelischen Gestimmtheit, die die Grundlage dafür abgab?

Die Heilpflanze wächst zu Füßen der Heiligen. Arznei und religiöses Heil lagen nahe beieinander. Gehört nicht auch beides unmittelbar nebeneinander zum Schicksal?

Unser Weltbild macht immer noch den tief einschneidenden Unterschied zwischen einem Außen, der ›wirklichen‹ Welt der Physik und Chemie der Natur, dem Körper des Menschen, und andererseits einem ›Innen‹, der seelischen Vorgänge, der Religion und Moral, als einem beliebigen, relativ unrealen Bereich. Ist diese Trennung zwingend und hilfreich?

Die Überlieferungen, die wir von Heilkräutern haben – hier dem Odermennig – stammen aus einer Zeit, in der noch ein einheitliches Weltbild herrschte, in der Lebenskräfte seelisch aufgenommen werden konnten und in der zugleich Seelenkräfte die Grundlage für das Heilen im Lebensbereich darstellten. Seele wirkt zunächst nicht spezifisch, sondern allgemein auf die Gesundheit als Ganzes, und es ist sicher anzunehmen, dass, was an Schwierigkeiten aus dem Seelischen kommt – wegen unzureichender innerer (religiöser) Kraft –, sich im Organismus an bestimmten schwachen Stellen als Krankheit niederschlägt.

Das Bild des Meisters von Flémalle kann so verstanden werden: Wer, wie Veronika, das Bild (die Wirklichkeit der Einprägung) des leidenden und damit Heilkräfte spendenden Heilands im Lebens- und Seelengewebe seines Herzens trägt, dem dienen die Pflanzen zu seinen Füßen, seien es Taraxacum, Agrimonia eupatoria (unser Odermennig) oder andere Kräuter als wirksame Arzneien.

Religion – existenzielle Liebe zum lebendigen Geist Gottes in der Natur, das Wahrnehmen seiner Gegenwart und Wirkung in allem, was ist – wird die Grundlage für die eigene Gesundheit wie für den Schutz der Natur gewesen sein – und sie wird es wieder werden können und müssen.

Passiflora

Hierzulande wächst sie in Gärten nur an sehr gut geschützten Stellen, sonst im Gewächshaus oder am Blumenfenster, jene eigenartige, zarte Rankenpflanze mit den fünffingrigen Blättern und den seltsam reichen Blüten. Sollte jemand das Staunen verlernt haben, an ihr kann und muss er es wieder lernen:

Weißgrünlich öffnet sich ein Zehnstern (man kann zusehen, wie er aufblüht, es dauert nur wenige Minuten), etwas wie sonderbare Fühler kommen zum Vorschein, in der Mitte dunkel, wie drei zarte ›Nägel‹. Drumherum hängen an feinen grünen Stielchen fünf goldgelbe Pölsterchen, die Staubgefäße. Zusammen ragen sie aus einem Strahlenkranz hervor, der auf dem Grund purpur, weiter außen weiß und zuletzt violettfarben ist (Nebenkrone).

Wir schildern hier nur die eine Art, die es gewöhnlich bei uns gibt. Der Reichtum an verschiedenen Farben kennt jedoch keine Grenzen, wenn man sie in tropischen Gegenden wild wachsend antrifft. Es ist eine der erstaunlichsten Blüten: Passionsblume wird sie genannt (Farbtafel XI).

Beim Betrachten kann man unaufhörlich neue Entdeckungen machen: So sind die zehn Blätter des flachen Blüten-Grundsternes nicht gleich, denn fünf sind heller als die anderen, mehr grünlichen, die zwischen dem dreizähligen Kelch und den eigentlichen Kronblättern stehen. Außen hat jedes von ihnen einen feinen Zipfel und eine deutliche Mittelader.

Das Staunen früherer Zeiten über diese Blüte hat die Menschen veranlasst, die seltsamen Formen mit Jesus und seinem Leiden in Beziehung zu setzen: Im dreiteiligen Stempel sah man die Nägel angedeutet, mit denen er ans Kreuz geschlagen wurde, der Strahlenkranz wurde als die Gloriole um den Gekreuzigten angesehen.

Solche Betrachtungsweise brachte Verehrung durch einfache Assoziationen zum Ausdruck, ohne mehr als nur eine Gefühlsverbindung zwischen der Blüte und dem Leiden Jesu herzustellen. Doch kann man sie durchaus auch als Bild verstehen, jedoch in dem Sinne, dass in dieser Blüte das Leiden verklärt und geläutert zum Ausdruck kommt: »Musste nicht Christus durch alle diese Leiden gehen, um auf Erden seine Lichtgestalt offenbaren zu können?« So erklärt und tröstet der Auferstandene die Jünger, die, noch tief von Trauer betroffen, am Ostertage nach Emmaus gehen (Lk 24,26).

In Südamerika, wo etwa zweihundertvierzig verschiedene Arten zu Hause sind, nahe Verwandte unserer ›bescheidenen‹ Art, nennt man sie Majacujá (mit der Betonung auf dem letzten Vokal). Weitere, noch einmal so viele Arten findet man in Asien, Polynesien und Australien, in tropischen und subtropischen Zonen der Erde – ein wohl unbeschreiblicher Reichtum, eine Fülle höchst komplizierter Schönheit.

Wenn im Frühjahr bei uns die Ranken sprossen, tasten sich feine fühlende Fäden nach vorn, sie suchen einen Halt. Finden sie ihn, so ringeln sie sich wie Löckchen ein und halten sich fest. An der Rankenspitze finden sich die zusammengelegten, noch äußert zarten und weichen Laubblättchen. Während deren Entfaltung bemerken wir am Blattgrund kleine Zipfel. Dort glitzern helle Tropfen wie Perlchen oder Tränen, sie sind jedoch süß! Wo der Blattstiel aus der Ranke wächst, in der Achsel, bilden sich die Blütenknospen aus, neben den geringelten Fühlfäden, flankiert von zwei rundlichen Nebenblättern, die sich wie kleine Flügel breiten.

Ein ganzer Rankenzweig bildet, indem er sich weiter vorschiebt, Wachstumsknoten auf Knoten. In jedem Knoten entspringt ein Laubblatt und in der Achsel die genannten Organe: Blütenknospe, Rankenfaden, Nebenblätter. Von einem Knoten zum nächsten erfolgt nach dem Anhalten ein Strecken zum nächsten und wiederum ein Anhalten: rhythmisches Wachstum, ausgerichtet zur Blüte hin. In guten Wachstumsperioden und in entsprechendem Klima entwickeln sich die Blütenknospen inmitten ihrer regelmäßigen Begleiter so, dass täglich eine neue feingestaltige Blüte aufgeht. Man erstaunt, dass mit jedem Tages-Impuls sich an jeder Ranke diese Vielfalt verschiedener Formen bilden kann, wobei wir zunächst noch bei der Blüte angehalten haben, die doch auch wieder am Abend verwelkt, um, befruchtet, sich der Frucht entgegen zu entwickeln.

Und wegen dieser Frucht wird die Pflanze erst richtig geschätzt: Es schwillt nach und nach ein kugeliges bis eiförmiges Gebilde, allerdings in Europa ohne den köstlichen Inhalt, den tropische Arten bieten: Schneidet man die Kugel auf, so findet man in wässrigem Gewebe um zahlreiche Kerne den Saft mit dem einzigartigen Aroma, der mittlerweile überall bekannt geworden ist. Entsprechend dem dreiteiligen Stempel und der entsprechenden Fruchtknotenanlage sind die flachen Kernchen in der Frucht angeordnet.

Die Passiflora-Pflanze lebt und wächst sich im Blattbereich und in rhythmischer Entfaltung der differenzierten Blume mit ihren ausgeprägten Organen aus, andererseits aber ist ihr nicht die Möglichkeit gegeben, tragenden Stamm oder Stängel zu bilden. Vielfältig rankt sie sich an anderen Pflanzen, Büschen und Bäumen hinauf, ähnlich unserer heimischen Waldrebe (Clematis), jedoch nicht mit windendem Stengel, sondern sich viel zarter durch ihre Rankenfäden haltend. Dabei bleibt die Verbindung zur ursprünglichen Verwurzelung am Boden verhältnismäßig schmächtig, ja es fällt kaum ins Auge, dass sie Verbindung zur Erde hat – und selbstverständlich behalten muss.

Was bleibt in uns von dieser Pflanze, wenn wir sie ausführlich bewundert und beschrieben haben? Immer wieder kommt uns die faszinierend gebildete radialstrahlige Blüte in den Sinn mit dem dreigeteilten Stempel, der aus dem flachen Blütenteller senkrecht aufsteht. Der merkwürdigen Zahlenverhältnisse erinnern wir uns: der dreizählige Kelch, die zweimal fünf Kronblätter, der reiche Kranz und dann wieder das Zurückgehen zur Fünf in den Staubgefäßen und zur Drei im Stempel. Schließlich ist es die Frucht, die in fast trockener Schale den erquickenden Saft birgt und die außen erst unansehnlich werden muss, bis sie ihr volles Aroma entfaltet.

Es bleibt in uns wie ein Traum: Die schwerelose Fülle der Blüte – wie die funkelnde Pracht einer sagenumwobenen Krone –, die bald wieder dahin ist, flüchtig und schwebend. Blatt- und Blütenteile dienen getrocknet als Beruhigungs- und Schlaftee (wie Hopfen, Baldrian, Lavendel). Führt das nicht auch zum Traum hin? Sie als ›Wunder‹ von paradiesischer Herkunft zu denken ist angesichts dieser fein differenzierten Blüte zu einfach, zu bequem. Man gab ihr einen Namen, der an die Passion erinnert, doch ist in ihr das Leiden nicht längst verklärt, überwunden? Hier fehlen uns mitteilbare Begriffe, es fehlt uns die exakte, unbestechliche Poesie.

›Komm und sieh!‹

Der Wald – meine Kirche?

Auf einen Spendenaufruf hin, der von einer Gemeinde für ihr Kirchenbauvorhaben ausgeschickt worden war, antwortete eine ältere Dame: Was, eine Kirche wollt ihr bauen? Christus wohnt doch nicht in einem Steinhaufen, der wohnt im Wald!

Dies ist ein bemerkenswerter Einwand. Müssen wir doch bedenken, welche Todesprozesse mit den Bauten verbunden sind, welche Zerstörungen über die Natur kommen, wenn sich Städte ausbreiten: Bäume werden gefällt, Straßen und Plätze gepflastert, Bodenflächen aus dem natürlichen Zusammenhang herausgerissen. Wie viele Menschen, die in den Städten leben, suchen den Wald auf, um ruhig und andächtig zu werden, wo das Leben noch atmet!

Andererseits aber muss es uns auffallen, dass in jenem Dokument, das uns als Grundlage des Christentums dient, im Neuen Testament, nirgendwo der Wald erwähnt wird. Der lehrende Jesus zog sich zur Unterweisung seiner Schüler nicht in den Wald zurück und wir kennen keinen heiligen Hain, der Christus gewidmet wäre. Aus den Göttermythen der Heiden, der Griechen und Germanen, sind uns solche bekannt und auch Buddha predigte unter Bäumen. Jesus sprach mit den Menschen am See, auf dem Berg und im Hause. Und er suchte die Siedlungen auf, Kapernaum, Caesarea, er sprach über die Städte Chorazin und Bethsaida. Vor allem aber ging er immer wieder nach Jerusalem, der Stadt aller Städte, wirkte und heilte dort und vollendete dort seine Sendung durch Opfertod und Auferstehung. Und das Zentrum der Heiligen Stadt, den Tempel, nahm er zum Bild seines Leibes. Er reinigte ihn, sprach aber auch von seiner Zerstörung, die später Tatsache geworden ist.

Die christlich-religiösen Empfindungen haben sich jahrhundertelang auf die Orte gerichtet, die inmitten der Menschensiedlungen lagen. Dort wurden die Kirchen und die Klöster gebaut, man versammelte sich in der Kirche als dem ›Haus Gottes‹. Vielfach war der Boden, auf dem sie standen, nach und nach der Natur, den Wäldern abgerungen, urbar gemacht, was gleichbedeutend ist mit frucht- und ertragbringend und an das ›Urbane‹ städtischer Lebensräume anklingt.

Stimmung und Lebensgefühl gegenüber dem Wald haben sich in der Geschichte der Menschheit mehrfach grundlegend geändert. Zunächst war der Wald etwas Unheimliches, Gefahrvolles. Aus dem 10. Jahrhundert ist uns der ›Lorscher Bienensegen‹ überliefert, in dem es heißt: »hurolob ni habe du / zi holce ni fluc du …« Im Namen Christi werden die Bienen beschworen, nicht in den Wald zu fliegen, weil ihnen dort Unheil drohe. Und auch in keinem der altüberlieferten Märchen kommt der Wald in positivem Sinne vor. Dort ist er immer der Raum des Verirrens und der ungebändigten Triebnatur.

Im Zusammenhang des mittelalterlichen Mythos hätte man sich nicht vorstellen können, in den Wald zu gehen, um ›seinen Herrgott zu finden‹, um sich, wie in einer Kirche, in Andacht zu erheben. Die religiös positive Einstellung zum naturbelassenen Wald setzt eine Art Protestbewegung voraus. Wo die Religiosität unter dem Einfluss der Aufklärung intellektuell verödete, suchte man den Weg ›zurück zur Natur‹. Daran knüpfte die Romantik an.

Als ein eindrucksvolles Beispiel für eine neue Wertschätzung des Waldes setzte Adalbert Stifter den sieben Kapiteln seiner Erzählung ›Der Hochwald‹ jeweils eine Wald-Überschrift voran: Waldburg, Waldwanderung u.s.w., und in mannigfachen Varianten wird der Wald positiv beschrieben: »Die Tannen wollen erhabene Säulengänge bilden«, oder: »Die Pracht und Feier des Waldes mit allem Reichtume und aller Majestät drang in ihr Auge und legte sich an ihr kleines Herz.« – »Es war eine stumme Pause, man hörte ihr Schluchzen und das sanfte Wehen des Waldes.« Und schließlich: »In der schönen Einöde hat mich Gott der Herr gefunden … auch mitten im Walde ist er ob uns.«

Allerdings hatte man es zu jener Zeit schon immer weniger mit dem urtümlich gewachsenen ›wilden‹ Wald zu tun, sondern zunehmend mit dem domestizierten Forst.

Religiöse Motive fühlte man angesichts der nunmehr gezähmten vegetativen Kräfte im Wald eher erweckt als in der moralisch und zugleich intellektuell bedrückenden Luft der Kirchen.

In einem gesunden Wald kann im Betrachten – vom belebten Boden über die Stämme bis zu den Wipfeln, im Wahrnehmen des Tierlebens, im Spiel der Lüfte und des Lichtes – noch »Zusammenhang mit dem All und Einen«[10] erlebt werden und Empfindungen der Andacht und des Staunens werden in der Seele erweckt. Doch nicht nur im Wald, auch an anderen besonderen Stellen der Natur kann dies geschehen: im Betrachten eines ruhigen Bergsees oder beim Sonnenuntergang am Meer, vor einer blühenden Wiese oder angesichts der Tropfsteingebilde in einer Höhle.

So hat sich unter dem Einfluss des Christentums nach und nach ein immer bewussteres Naturerleben ausgebildet. Aber der Mensch musste zugleich aus der Natur heraustreten, um ihr erkennend und empfindend gegenüberzustehen. Es ist zu einem Grundgefühl des Christentums geworden, die Natur in ihrer Schönheit, Weisheit und Harmonie zu bewundern, obwohl wir ihr weder in den Zehn Geboten noch in der Bergpredigt begegnen.

Der Wald als ein Stück intakte Natur empfinden wir heute als Ort der Erholung, aber nicht nur im einfachen Sinne von Entspannung und Wiederherstellung unserer Lebenskräfte, sondern durch das Erleben einer Urvergangenheit, eines Schöpfungs-Ursprungs, aus dem wir einmal hervorgegangen sind. Es sind Erlebnisse ›göttlicher Weltenkräfte‹, denen wir unser Dasein verdanken.

Ein anderes Erlebnis ist es jedoch, im Todesschatten der Städte dem Mitmenschen zu begegnen. Hier erst setzt das spezifisch christliche Bewusstsein und Empfinden ein: Liebe deinen Nächsten wie dich selbst. Da ist der Ort der Wirksamkeit Christi gewesen und da hat sich das

Christentum entwickelt, lange Jahrhunderte in bewusster Abkehr von den heidnischen Gepflogenheiten der Naturverehrung.

Die dritte christliche Komponente muss sich erst noch entwickeln: die Entfaltung des Heiligen Geistes, einerseits im Bewusstsein der Menschen untereinander, andererseits aber auch der Natur gegenüber.

Eine Spaltung des Bewusstseins ist eingetreten: Aus den Städten zieht man sonntags andächtig empfindend in den Wald hinaus, an den Werktagen hat die Holzindustrie im Zeichen der Gewinnmaximierung und den daraus resultierenden Monokulturen das Sagen. Eine gewisse Zivilisationsfeindlichkeit treibt die Seelen zur Naturfrömmigkeit hin, in eine Natur, die doch bereits längst vom Waldsterben gezeichnet ist.

Wer statt in eine Kirche in den Wald geht, tut es, um den Ballast moralischer Traditionen hinter sich zu lassen und um die Stille der Einsamkeit jenseits der Menge und ihrem phrasenhaften Gerede zu genießen. Es ist Protest, allerdings nicht ohne eine gewisse Gedankenfeindlichkeit. Insofern hat er an der fortschreitenden Herrschaft egoistischer Gesinnungen, die mit dem ›Fortschritt‹ verbündet sind, nichts geändert. Ganz im Gegenteil, man hat dem Fortschritt Vorschub geleistet, weil man schließlich doch gerne an ihm teilnimmt.

Wie man an der Verwandlung der Gedanken und Gesinnungen kaum etwas ändert, so noch weniger im religiösen Ansatz: Um sich persönlich zu erbauen, um selbst zum Gefühl innerer Harmonie zu gelangen, sucht man den Ort der Andacht auf – wie einst in der Kirche so jetzt in der Natur.

Was geben wir, wenn wir den Wald zu religiöser Erbauung aufsuchen, was bringen wir dar? Mögen wir voraussetzen, dass es sich nicht um Plastik- oder Blechrückstände handelt, die wir dort zurücklassen – wenngleich dies noch vergleichsweise harmlose Abfälle sind. Aber will der Waldgänger nicht seinen seelischen Ballast, Stress, Unruhe und vieles mehr im Wald loswerden?

Dieser Abfall ist freilich mit keinem Messinstrument auszumachen. Sollte er nicht dennoch außerordentlich wirksam sein? Gerade wer auf die seelisch aufbauenden Wirkungen der Natur vertraut, müsste das Abbauende dessen, was er in seiner Seele hinausträgt, mit berücksichtigen. Was könnten wir also dem Wald geben, statt nur von ihm zu nehmen?

Die heiligen Haine vergangener heidnischer Naturverbundenheit wachsen längst nicht mehr. In unseren Seelen sind sie abgeholzt. Daran ändert auch derjenige nichts, der sich im romantischen oder alternativen Sinne den Todeskräften unserer Zivilisation entziehen möchte. Denn er trägt sie in sich, hat an ihnen Anteil.

Die naturwissenschaftlichen Beobachtungen des Lebens, nicht die daraus abgeleiteten Theorien und die mögliche industrielle Nutzbarkeit, können zur Grundlage eines gänzlich neuen Naturverständnisses werden. Nicht, wer den Wald genießt, sondern wer ihn nach und nach in seinen Lebenszusammenhängen versteht und erfasst, trägt etwas zur Schonung oder auch Rettung der Natur bei.

Hier muss wieder der Brief des Paulus an die Römer zitiert werden: »Rings um uns her wartet alle Kreatur mit großer Sehnsucht darauf, da in der Menschheit die Söhne Gottes zu leuchten beginnen« (Röm 8,19). Das werden keine Heroen sein wie in der Antike, sondern diejenigen, die die Erde ihrem lebendigen Wesen nach verstehen und aus entsprechendem Geist für sie wirken.

Moderne Christlichkeit besteht in selbstlosem Erkennen und der Entwicklung einer beobachtenden Gesinnung, die ein Verhalten bestimmt, das bereit ist, zu geben statt nur zu nehmen. Solches kann an christlichen Altären neu entwickelt werden, in Kirchen, in Gemeinschaften. Vielleicht kann danach auch der Wald wieder zum Ort wirklicher Andacht werden.

OSTERZEIT

Das leere Grab

Kastanien

Im Spielzimmer oder im Kindergarten finden sich in einem Korb oder zwischen den Bauklötzen noch die Kastanien aus dem vorigen Jahr. Sie sind vertrocknet und eingeschrumpft und ihr Braun ist matt und unschön geworden. Eigentlich gehörten sie längst weggeworfen. Wie waren sie so schön gewesen im letzten Herbst, als wir sie unter den großen Bäumen liegen sahen: frisch vom Himmel gefallen, blank und prall, so voller Gewicht und gedrängtem Leben, so handlich rund, so glücklich geschenkt. Und die Kinder haben sie aufgesammelt, nur so, um der Schönheit willen, haben sie dahin und dorthin getan, gezeigt, angefasst, gerollt, vielleicht auch durchbohrt, um eine Kette daraus zu machen. Ein Glück sind diese Kastanien im Herbst. Und jetzt: vorbei, vergangen.

Aber nicht alle Kastanien wurden von den Kindern gesammelt. Viele waren unauffindbar unters Laub gerollt, unter die Büsche, unter Unrat, in den Schmutz. Offenbar vergessen, vertan. Nun kam Winter. Zwischen verwelkten Blättern und Erde haben sie gelegen in der Nässe der düster werdenden Tage. Der Schnee kam und der Frost. Im Feuchten, im Dunkeln lagen sie.

Mittlerweile ist es Frühling geworden. Da regte sich im Innern dieser vergessenen Kastanien das Leben. Der Keim hat die schwarze, ohnehin brüchig gewordene Hülle durchbrochen. Und wie sich der Keim nach oben wendet, wächst nach unten ein Wurzeltrieb, beide sich nährend vom Vorrat der Frucht.
Ehe wir uns versehen, tauchen aus dem vorjährigen Laub und den ungeformten Resten der Vergangenheit braunklebrige Knospen auf, denen bald Blätter entspringen,

Abb. 8. Aufwachsende Rosskastanien, links noch mit dem Samen verbunden, rechts dem ›Grab‹ entsprungen.

während sich die Wurzel ins Erdreich streckt. Jetzt sehen wir die jungen Kastanienpflanzen da und dort im Garten, zum Teil unter den noch kahlen Büschen, zwischen dem Efeu. Und wenn wir hingehen, um zu sehen, was da geschehen ist, entdecken wir, dass die junge Pflanze schon vollständig ist. In der Höhe der Erdoberfläche aber macht sie eine Windung, eine Kurve im Wachstum, manchmal sogar eine ganze Schleife. Das ist der ›Sprung‹, den sie aus der alten Hülle getan hat. Neben ihr liegt nämlich, schwarz und unansehnlich, die leere Hülse, aufgebrochen, verlassen: das leere Grab.

> Wer sein Leben erhalten will, der wird es verlieren, wer sein Leben hingibt, der wird es erwerben.
>
> (Lk 17,33)

Die Zeit der Kastanien, die wir gesammelt und aufgehoben haben, ist vorbei. Sie werden weggeworfen. Die aber, die verloren waren, sind zu neuem Leben erweckt. Aus ihnen wachsen die neuen Bäumchen, das neue Leben.

Das Osterei

Jedes Ei, so rund und einfach es ist, birgt ein Geheimnis in sich. Das Geheimnis ist das neue Leben, das aus ihm kommt. Und wenn sich dieses neue Leben zeigt, muss die schöne Form des Eies zerbrechen.

Draußen, das wissen wir, haben die Vögel ihre Nester gebaut oder sind gerade dabei. Sie legen ihre Eier hinein und brüten. Das entspricht der Frühlingszeit. Vom Strauß bis zum Kolibri, vom Pfau bis zur Nachtigall, vom Adler bis zum Spatzen, all die Geflügelten kommen aus Eiern, jedes Jahr aufs Neue. Und immer entwickeln sich die Vögel aus dem wichtigsten Teil, dem Dotter.

Das Eidotter ist eine Sonne mitten im Ei. Diese Sonne trägt das Leben und bringt es hervor. Und zwar nicht aufs Geratewohl, sondern auf ganz bestimmte Weise. Von dem einen Pol, dem spitzeren Ende des Eies, geht die

Abb. 9. Das ›Oster-Ei‹:
Die Begegnung mit dem Auferstandenen.

Gestaltung des sich entwickelnden Vogels aus und von dem runderen Pol her kommen die vegetativen, die Wachstumskräfte.

Das Ei hat zu Ostern eine Bedeutung. Aber das große heilige Osterei ist nicht mit Augen zu sehen. Deshalb ist hier eine Zeichnung beigefügt, die zeigen soll, wie man es sich vorstellen könnte (Abb. 9). Es offenbarte sich mit dem Osterereignis, dass etwas Hohes und Abgerundetes die Jünger des Christus überwölbte. Es war ein geistiger Zusammenhang, in dessen Mitte die Sonne des Auferstandenen aufging. Das aufgebrochene Grab war nur die mit einem Male überflüssig gewordene Schale.

Die elf Jünger versammelten sich in den Ostertagen und vermochten es erst nach und nach zu fassen, was sich unter ihnen ereignete, dass in ihrer Mitte die Sonne Gestalt annahm. Einer von den Jüngern, der Thomas hieß, wollte die Geistwirklichkeit fassen und prüfen. Er durfte den Auferstandenen berühren. Damit berührte er aber nicht nur den Auferstandenen, sondern »die Auferstehung und das neue Leben (Joh 11,25)« selbst. Und indem er es berührte, wurde zugleich auch er davon angerührt. Und das wirkte auf ihn.

Man kann nicht etwas berühren, ohne dass man auch selbst davon berührt wird. Und da der Auferstandene ganz Licht war, begann auch der, der ihn berührte, heller zu leuchten.

In all den vielen hundert Jahren, in denen Ostern und die Auferstehung gefeiert wurden, hatten die Christen-Seelen den Wunsch und die Hoffnung, selber an dem Licht und dem Leben des Auferstandenen teilzuhaben. Man wollte, wie Thomas, die Auferstehung und das neue Leben berühren, um von ihm berührt zu werden. Und deshalb legte man am Weißen Sonntag ein weißes Kleid an. Das brachte das Berührtwerden vom Licht zum Ausdruck.

Wie in einem Ei von oben her die Gestaltung und Bestimmungskraft wirkt, so kommt von unten her, aus den Tiefen, die Lebenskraft. Es ist wie eine Neuschöpfung des Menschen. In einem Ostergedicht von Adolf Böttger heißt es:

... das schaffende Licht, es flammt und kreist
und sprengt die fesselnde Hülle,
und über den Wassern schwebt der Geist
unendlicher Liebesfülle.

Diese Neuerschaffung des Menschen aus der Kraft der Auferstehung feierte man durch die Erwachsenen-Taufe. Diese Taufe bedeutete eine Imprägnierung mit der Lebenskraft des Auferstandenen. So wurde man in die Gemeinde aufgenommen.

Was sich in der Osterzeit von oben in den menschlichen Verhältnissen, in den Ereignissen unter den Jüngern abprägt, das ›makrokosmische‹ Osterei, können wir tatsächlich auch am Himmel finden. Die Planeten bilden in ihrer Gesamtheit eine Sphäre um die Sonne, sie ziehen in ovalen Bahnen um das Zentrum. Die Sonne ist das Eidotter eines großen Welteneis. Dabei bestimmt sie die Bahnen der Planeten, hält die Planeten selbst in ihrer Bahn. Und jeder Planet hat sein charakteristisches Leuchten und alle haben doch dieses jeweils eigene Leuchten von der Sonne her.

Die im östlichen Christentum sorgfältig gepflegte Tradition der Ikonenmalerei hat immer wieder in bestimmtem Zusammenhang die Eiform verwendet: Christus erscheint thronend in einem doppelten Oval. ›Der Erlöser inmitten der himmlischen Mächte‹ – so wird eine entsprechende Ikone aus dem 15. oder 16. Jahrhundert bezeichnet, die sich in Moskau befindet. Eine tiefblaue Sphäre mit angedeuteten himmlischen Wesen bedeute die himmlische, ein inneres, mehr bräunlich erscheinendes Oval die weltliche Sphäre. Vom ›Osterei‹ des Auferstandenen der ersten vierzig Tage inmitten der Jünger ist er erhoben zum umfassenden kosmischen Wesen, dem Pantokrator, dem Allmächtigen im Sinne des Vermächtnisses am Ende des Matthäusevangeliums: »Mir ist gegeben alle Gewalt im Himmel und auf Erden ...«, erhoben zu dem, der in der Offenbarung des Johannes spricht: »Siehe, ich mache alles neu«. Aus der Eiform geht das neue Weltall hervor, dessen Keim im Osterereignis liegt.

Spiralen

Ich lebe mein Leben in wachsenden Ringen,
die sich über die Dinge ziehn.[11]
Rainer Maria Rilke

Wir alle leben unser Leben unbewusst unter den wachsenden und abnehmenden Spiralen, die die Sonne im Tages- und Jahreslauf in das Leben der Erde einschreibt. Man sage nicht, dass diese nur eine Täuschung seien, nur weil man weiß, dass die Spiralbewegung durch die Rotation der Erde um ihre Achse, durch die Schrägstellung der Achse gegenüber ihrer Umlaufbahn um die Sonne und durch diesen Umlauf selbst zustande kommt. Letzteres ist die Technik, durch die das Phänomen entsteht, das ändert aber nichts an dessen Tatsächlichkeit und Wirkung. Die Technik, mit der zum Beispiel ein Dichter seine Verse schreibt, seine Armtätigkeit, sein Schreibgerät und Papier ändern nichts an der Tatsache, dass er Inhalte übermittelt, die aus seinem Geist stammen. So entsteht die Frage nach dem Geist, der sich in den unaufhörlich wiederkehrenden Spiralen der Sonne ausspricht.

Wir finden Parallelen oder Abbilder in den Wachstumsformen der Pflanzen. Eine erste Spirale, die ich im Jahreslauf fand, war die der Rosette der Winterkresse. In den ersten Januartagen, als es etwas milder geworden war und der Schnee nicht mehr alles bedeckte, fand ich am Waldweg, wo der Boden sehr mager und steinig ist, wo sich aber viel Feuchtigkeit angesammelt hatte, die zierlichen Figuren der Blattrosetten dieses unscheinbaren Kräutchens. Wann ist die Rosette denn gewachsen? Blättchen um Blättchen rhythmisch gegliedert, außen ältere, noch nicht ganz oder schon verwelkte, weiter nach innen von frischerem Grün, sind sie um einen Mittelpunkt herum deutlich spiralig angeordnet. Man kann sie leicht mit der Wurzel herausnehmen und hat bereits im Januar den ersten würzig-schmackhaften Wintersalat.

Die nächste Spirale fand ich im März. Unten an einer Mauer, wo sich nur wenig Erdreich befand, hatte sich eine sehr zarte, weich beblätterte Rosette gebildet. Die einzelnen Blättchen sind fiederspaltig, ungleich doppelt gekerbt oder gelappt, auf ihrer oberen Seite hell-, unten bläulichgrün; die zarten Rippen zeichnen sich fast glasig ab. Es ist das Schöllkraut, Chelidonium, das bald zu einem anmutigen Pflänzchen aufwächst, mit vierblättrigen, goldgelben Blüten. Hat sich die Pflanze entwickelt, verschwimmt die Spirale der Blattstände am Hauptspross immer mehr, vor allem, weil der Stängel sich hin und her wendet. Man rechnet diese Pflanze zu den Mohngewächsen, und ihr gelber Saft findet bei allerlei Leiden heilwirkend Anwendung (Abb. 10).

Bald danach fällt mir ein weiteres Kraut am Wege auf: die Knoblauchsrauke, auch Lauchhederich. Sie ist, wie die schon genannte Winterkresse, ein Kreuzblütler und sie ist ebenfalls genießbar und würzig wie ihre kleine Verwandte, jedoch weniger kresse- als knoblauchartig, wie schon der Name verrät. Bei diesem weit verbreiteten Kraut beobachte ich die Spirale bei der Anordnung der Blätter am Hauptspross aufsteigend. Von unten nach oben verändert sich von Blatt zu Blatt die Gestalt: Nahe am Boden bilden die Blätter runde, gebuchtete ›Löffel‹; aufsteigend werden sie oval, die Blattränder mehr gekerbt, bis oben am Spross,

Abb. 10. Schöllkraut, Blattrosette.

unter der Blüte, nur noch gezahnte Blatt-Pfeilspitzen zu
finden sind. Das Kraut scheint sich in ein immer feineres
Medium ›hinaufzuschrauben‹.

Und nun, einmal darauf aufmerksam geworden, nehmen die Spiralen kein Ende: Schon blühen die Gänseblüm-
chen auf der Wiese. Sie zeigen, wie alle Korbblütler
(Asteraceen), eine hoch entwickelte, zusammengesetzte
Blüte, sozusagen eine Blütengemeinschaft, einen Blüten-
staat. Die grünen Kelchblätter bilden ein Körbchen, in
dem die winzig kleinen Röhrenblütchen innen, die Zun-
genblüten außen als weißes Kränzchen angeordnet sind. In
dem leuchtend gelben Innenbereich der Röhrenblütchen
sehe ich deutlich die geometrisch ausgebildete Anordnung: die schon voll erblühten Röhren am Rand gehen in
die inneren, noch nicht aufgeblühten bzw. knospigen Blütchen über, spiralig auf der Wölbung des Blütenstandes.

Diese wunderbare Geometrie begleitet uns dann durch den Jahreslauf über die strahlenden Margeriten und leuchtend orangenen Ringelblumen bis zu den Astern im Herbst. Am schönsten zeigt sich die Anordnung bei den großen Sonnenblumen, gerade auch dann, wenn die Kerne schon herausgefallen sind und der Fruchtboden zu sehen ist mit all den Hülsen, in denen die Kerne saßen.

Wer schon einmal eine Artischocke gegessen hat – sie gehört wie auch die Disteln zu den Korbblütlern –, hat sicher gesehen, wie die Blätter, die man entfernt, um den Blattgrund zu essen, ebenfalls eine schöne Spirale zeigen. Wenn man dann schließlich, nachdem man Blatt für Blatt genossen hat, zum Blütenboden gelangt und die ›Haare‹, die eigentlichen Blüten, abnimmt, so zeigt sich die Zeichnung der spiraligen Anordnung – einer Spirale, die sich, so scheint es, hätte nach oben winden mögen, aber, durch eine unsichtbare Kraft zurückgestaut, im Zentrum der Ebene ins Unsichtbare fortsetzt.

Wir können noch viele weitere Spiralen benennen und beschreiben: die Blattfolge vom Kelch über die farbenprächtigen Blütenblätter bis zu den Staubgefäßen bei der Pfingstrose etwa, oder die andersartigen Spiralwindungen im Stamm des Eukalyptusbaumes, oder die Ranken der Bohnen usw.

Sollten alle diese Windungen völlig unabhängig sein von den wachsenden und abnehmenden Sonnenkreisen? Was könnte denn wirksamer sein als diese?

Philipp Otto Runge (1777–1810) hat in einem seiner Hauptwerke, dem sogenannten ›Kleinen Morgen‹, versucht, dem Geist der Pflanzenwelt einen adäquaten Ausdruck zu verleihen (Farbtafel XII). Er malte in diesem Bild, das sich in der Hamburger Kunsthalle befindet, zwei Bilder in einem, indem er das eigentliche Hauptbild mit einem breiten Rahmen mit Bildmotiven umgab. In diesem

Rahmenbild nun lässt er Genien erscheinen, kindliche Wesen, vielleicht ›Blumenkinder‹, die symmetrisch angeordnet von unten nach oben streben: von der Mitte unten zu den Seiten, dann in den Wurzeln der Amaryllis-Zwiebeln gefangen, aus den Blüten dieser Blumen aufsteigend und schließlich oben aus weißen Lilien hervorwachsend, als Wesen, die schon in der himmlischen Welt mit den Engel-Hierarchien die Gottheit anbeten.

Diese Gestalten sind nun alle so gezeichnet, dass sie in ihren Haltungen und Bewegungen spiralige Tendenz zeigen. Diese Möglichkeit, Gestalten so ›schraubenförmig‹ darzustellen, geht von Michelangelo aus und ist dann im Barock immer wieder aufgegriffen worden. Philipp Otto Runge malt die Kindergestalten jedoch nicht mehr ›barock‹, sondern bewusst so, dass sie der in den Pflanzen liegenden »Spiraltendenz« (Goethe) folgen. Aber sie führen diese Spiralen über die Pflanzengestalten hinaus. Das Unsichtbare, in das diese Spiralbewegung hineinführt, wird von Runge verbildlicht.

Wir vermögen diese Bewegung nicht weiter zu verfolgen, wo es uns der Mittel und der Wahrnehmungsfähigkeit mangelt. Rudolf Steiner bespricht aber in Ausführungen über das Erleben des Menschen zwischen dem Tode und einer neuen Geburt gerade das, was wir zunächst an den Pflanzen vielfältig verfolgt haben, dann ins Nichts verschwinden sahen und dem Runge bildhaft nachgegangen ist. »Wenn wir die Pflanzenwelt der Erde betrachten, so stellt sie sich für den geistigen Anblick so dar, dass das, was die physischen Augen sehen, nur ein Teil dieser Pflanzenwelt ist ... Man verfolgt die Pflanze mit den Sinnen bis zur Blüte. Der geistige Anblick dieser Pflanze aber zeigt ..., dass von der Blüte nach aufwärts ein astralisches Geschehen und Weben beginnt ... Wo die Erde die Möglichkeit gibt, dass Pflanzen entstehen, da ruft das Herüberströmen dieser Astralweltspiralen das Pflanzenleben hervor.«[12]

Diese aus der Himmelswelt wirkenden Kräfte sind auch dort, wo keine Pflanzen wachsen. Die Pflanzen machen sie nur sichtbar. Und weiter wird dargestellt, wie diese Spiralwege den verstorbenen Seelen Leitlinien sind in die geistige Welt, in immer wachsenden Kreisen. Und dahinein wirken wie eine Art ›Gewicht von oben‹ die Kräfte, die mit den Mineralgebilden der Metalle zusammenhängen. Man wird – als Seele nach dem Tode – »wirklich in den Rhythmus der Planetenbewegungen durch das Mineralreich und das Pflanzenreich der Erde hineingetragen.«[13]

Was wir mit unseren Augen an den Pflanzen beobachten und am Lauf der Sonne nachdenkend ablesen, das ist eine lebendige Struktur, die offenbar in übersinnliche Bewegungen und Rhythmen hinüberführt und die nicht nur schön, sondern für die Menschenseele von großer Bedeutung ist. Dass in der *einen* Welt, die Himmel und Erde umfasst, ›irgendwo‹ mit einem Male eine Grenze ist, das liegt nur an der Begrenzung unserer Wahrnehmungsfähigkeit und dem darauf eingestellten Bewusstsein.

Nelkenwurz – Benediktenkraut

Treten wir vor einen christlichen Altar, so werden uns unmittelbar zwei Motive aus der Bergpredigt anschaubar: Gleich nach den neun Seligpreisungen, der Eröffnung dieser Lehrrede Christi, folgen die Worte vom Salz und vom Licht: »Ihr seid das Salz der Erde« – und »Ihr seid das Licht der Welt«, … das man auf einen Leuchter stellen soll.

Diesen beiden Worten entsprechend hat jeder christliche Altar immer etwas Kubisch-Kristallhaftes, wie die Form des Salzkristalls, und es stehen Leuchter darauf, an

deren Kerzen das Licht brennt, »damit alle, die herein-
kommen, das Licht sehen« (Mt 5,16). In den Anblick dieser Bildmotive vom Salz-Quader und vom aufgestellten
Leuchter vertieft sich der Andächtige, der sich in der Kirche einfindet. Wenn dann der Gottesdienst beginnt, entfaltet sich kultisches Geschehen in den Raum nach rechts
und links und schließlich in der Mitte, wo der Priester im
Gebet oder Segen die Hände erhebt, mit aufsteigender
Tendenz. Altar und Leuchter werden verwoben in die
Handlung, die der Priester vollzieht, zu einem Vorgang,
der durch den erhobenen Kelch überhöht wird.

Solche Vorgänge, die im Kultus sichtbar werden, sind
immer wieder auch in der Pflanzenwelt zu entdecken – in
zahlreichen Abwandlungen. Nehmen wir als Beispiel die
weit verbreitete, unscheinbare Nelkenwurz (Benediktenkraut).

Diese Pflanze ist ein etwas spirrig erscheinendes Unkraut, das an schattigen Waldwegen und feuchten Waldrändern häufig gefunden werden kann. Es trägt kleine
endständige, hellgelbe Sternblütchen. Zwischen den
Sternblättern sehen die braunrötlichen, manchmal auch
grünlichen Kelchblattzipfel heraus, sodass ein kleiner
Zehnstern entsteht. Wenn die Blüten verwelken, finden
wir den Fruchtstand, einer kleinen Klette ähnlich, an den
Enden der dünnen Pflanzenstängel, unterdessen bräunlich geworden und leicht zerfallend, wenn die Früchtchen
reif sind.

Dort, wo die Pflanze aus der Erde kommt, stehen schöne, stark geformte Laubblätter, dreilappig, plastisch geädert und am Rand harmonisch gezahnt. Indem man den
Blick am Stängel hinaufwandern lässt, bemerkt man, dass
die Grundblätter mit deutlichen rundlichen Nebenblättern versehen sind, was auf die Zugehörigkeit zu den Rosengewächsen hinweist. Seinen Namen Nelkenwurz hat
das Kraut daher, dass die Wurzel stark nach Gewürznel-

ken riecht. Ziemlich dicht unter dem Boden finden wir die gedrungene, fast waagerecht liegende Wurzel, vielfach geriffelt, außen violett-braun und innen gelblich gefärbt.

Früher nahm man sie gerne als Gewürz anstelle der Nelken und wendete sie – wie das Nelkenöl – wegen ihrer adstringierenden Wirkung medizinisch im Mundbereich und gegen Verdauungsbeschwerden an.

Auf ihre Heilkraft weist ihr weiterer Name hin: Benediktenkraut (benedicere – rühmen, segnen, weihen), oder hat es seinen Namen von den Benediktinern, die es als Heilkundige im Mittelalter oftmals angewendet haben, da es leicht zu finden und unschwer zu verarbeiten war?

Wenn wir nun dieses Kraut immer wieder ansehen und besser kennen lernen, so wird uns deutlich, dass es in seinen einzelnen Bereichen verschiedene charakteristische Kräfte sichtbar werden lässt, durch die gedrungene Gewürz-Wurzel in der Erde, durch die nach den Seiten hin sich entfaltenden Gesten der Blattgestalten und oben durch die kleinen aufgesteckten Lichter der Sternblüten.

Man kann auf den Gedanken kommen, Kräuter wie dieses entstammen ursprünglichen Schaffensvorgängen und -gebärden. Tragen sie deshalb diese bildhaften wie kultusartigen Formen in sich? Wäre möglicherweise ein Schöpfungsprozess, die Genesis selbst, ein durch die Gottheit vollzogener Kultus, aus dem die Pflanzen hervorgegangen sind?

Gemeint ist selbstverständlich nicht, dass dies ein einmaliger Vorgang war. Vielmehr könnte in unendlich mannigfaltigen Wiederholungen und Abwandlungen die heutige, sichtbare Gestalt herauskondensiert sein. Heißt nicht Schöpfung in der altgriechischen Sprache ›katabolé‹, Niederschlag?

Es wäre denkbar, dass aus dem gegenwärtig vollzogenen kultischen Handeln in ferner Zukunft etwas Entsprechendes wie solche Pflanzengebilde hervorgehen, wie sie

Abb. 11. Benediktenkraut (Echte Nelkenwurz, Geum urbanum).

aus einem Schöpfungs-Entwicklungs-Vorgang entstanden sein mögen. Sprechen die Formen von Geum urbanum, der Nelkenwurz, und anderen Pflanzen nicht von einem urbildlichen Vollzug, den man in der mittelalterlichen Sprache der Alchimie Sal (Salz, Kristall-Form-Bildendes), Merkur (rhythmisch Verbindendes) und Sulfur (Lichtträger) nannte?

Kultus und Naturerkenntnis stimmten zu jener Zeit für diejenigen, die sich in den Geheimnissen auskannten, noch überein. Und die Natur zeigte Bilder einer erloschenen Schöpfungshandlung, die auf anderer Ebene möglicherweise erneuert werden kann.

Wenn sich der christliche Mensch in Gemeinschaft mit anderen in den Kultus einlebt, so klingen offensichtlich einerseits Motive der Bergpredigt an, aus der andererseits Zukunftselemente entbunden werden können, in Vorbereitung einer neuen Schöpfung.

> Dass Gott dreieinig ist, zeigt dir ein jedes Kraut,
> Da Schwefel, Salz, Merkur in einem wird geschaut.
> *Angelus Silesius*

Requiem im Mai 1990

nach dem Orkan ›Wiebke‹ im Februar

Und über geborstene Bäume
gebrochene Stämme dahin
weht wieder der Maiwind
weich und gelind.
Als wären die Stürme nicht
gewesen im Winter,
der keiner war,
sondern Unmut und Zorn
der Erde, des Lebens.
Wem denn zum Opfer –
und haben wir
sie nicht brechen hören –
sind sie gefallen,
und haben wir, Maiwind,
dein Lächeln verdient?
Uns galt es.
Und lassen uns allzu leicht trösten.
Strecken wir statt ihrer
unsere Arme auf
und wurzeln im Grund
umso tiefer?
Sie rissen den Himmel
mit sich herab,
wer hielte ihn aus unter uns?
Wachheit zu atmen,
Und nicht
selbstvergessen nur von
sich selbst zu träumen.

Sie gehen umher zwischen uns
tragende, klagende Säulen.

Jedes Blatt,
das nicht ergrünt aus den Trieben:
Frage an unsere Gedanken,
schwächt uns die Luft in der Lunge;
an unseren Knochen
werden die Buntspechte
pochen.
Bis der Wind
der warm weht im Mai
uns den Atem
vergangener Wälder lehrt,
der aufweht
und eingeht
durch uns
zu den Ufern
des Lebens.

HIMMELFAHRT

Löwenzahn-Predigt

Liebe Kinder! Bestimmt habt ihr jetzt schon an den Wegrändern und zwischen dem jungen Gras die kleinen Kreise von gezahnten Blättern gesehen. Da stehen, halb lie-
gend, halb aufgerichtet, die Blattrosetten des Löwenzahns, den man für die Hasen sucht oder den man auch
selber gerne als Salat isst.

Inmitten dieser Blätter, die so schön im kleinen Kreise
wachsen, steigt da und dort schon eine Knospe auf einem
Stängel empor. Und mit einem Mal öffnet sie sich als
strahlende goldgelbe Löwenzahnsonne. Wir würden,
wenn es das nur einmal gäbe und nicht tausendfach an
allen Wegen, es sicher für ein Wunder achten, dass mitten
in dem grünen Blätterkreise auf einmal diese gelbe Blüte
als eine Sonne aufgeht.

Und so *war* es ein Wunder – denn es geschah nur einmal, damals im Kreise der Menschen, welche die vertrauten Schüler des Christus waren, die nach seinem Tode
sich allein gelassen fühlten und sich in enger Runde an
den Händen hielten –, dass in ihrer Mitte eine Sonne er-
blühte: Das war der Auferstandene selbst. Er erwuchs in
ihrer Mitte und sie erkannten ihn.

Für die Jünger war er die helle Sonne, die in ihrer Mitte
aufgegangen war. Vierzig Tage lang leuchtete ihnen der
Auferstandene. Aber was geschah dann?

Wenn ihr die schönen Löwenzahnblumen draußen
seht, so wisst ihr, dass eine Blüte nach der anderen verblüht. Und ebenso habt ihr schon erlebt, was daraus wird:
die Pusteblume, dieses zarte Bällchen, diese hauchdünne
Kugel, die auseinanderfliegt, wenn der Wind weht oder
wenn wir selber blasen.

Das ist eine eigenartige Verwandlung, dass sich diese
sonnenhelle Blume auf einmal schließt und sich danach

als etwas anderes öffnet, nicht als Strahlenscheibe, sondern als luftige, zarte Kugel. Und schon verweht sie.

Jetzt wächst der Löwenzahn nämlich ins Große, ins Unermessliche. So weit, wie der Wind die Samen weht, die an ihrem feinen Schirmchen durch die Lüfte schweben, so weit dehnt sich diese Pflanze aus! Der Wind macht den Löwenzahn himmelweit.

Das steckt voller Wunder. Nur weil es oft geschieht und weil wir alle es wissen, meinen wir, das sei ja selbstverständlich.

Als der Auferstandene vierzig Tage in der Mitte seiner Jünger geleuchtet hatte, verwandelte sich sein Wesen, es wurde weit wie die Welt, weit wie der Himmel. Der Heilige Geist wehte sein Wesen in die Weite, es wurde weltumspannend groß.

Wenn die feinen Samen des Löwenzahns fliegen, kann man das die ›Himmelfahrt des Löwenzahns‹ nennen. Irgendwo aber sinken diese Samenkörner wieder zur Erde, sodass dort überall später wieder Löwenzahn wächst und das Wunder sich wiederholt von der Blattrosette, der aufgehenden Blüte und der Pusteblume.

Als der Christus himmelweit wurde – man nennt das seine Himmelfahrt –, da geschah dies auch, um an vielen Stellen der Erde ähnliches geschehen zu lassen wie damals im Heiligen Lande. Seitdem ist es möglich, dass dort, wo Menschen sich in seinem Namen zusammenfinden, er mitten unter ihnen ist, dass sein Wesen aufleuchtet inmitten frommer Menschen, die an ihn glauben wie einst seine Jünger.

Blühende Kastanie

Frühling. Überall in den Straßen der Stadt die reich belaubten Rosskastanien. Aus ihrem hellen Grün steigen weiß und rötlich die herrlichen Blütenkerzen auf. Jede kleine Blüte am Blütenstand ist fein ziseliert, doch in der Fülle erkennen wir das nicht: Oben über unseren Köpfen prangt die Pracht, feiern die Kastanien ihr Fest, stolz und schön im Chor mit all den anderen Bäumen (Farbtafel XIII).

Wenn wir hinaufschauen und die ›Kerzen‹ sehen, denken wir wohl kaum daran, dass keine sechs Monate zuvor all diese Äste kahl waren, wir aber zu anderen Kerzen an einem anderen Baum aufschauten: am Weihnachtsbaum.

Den hatten wir ›künstlich‹ aufgestellt und mit Lichtern versehen. Wir hatten ihn, der immergrünen ›Blätter‹ und seiner schönen Pyramidengestalt wegen, von draußen hereingeholt und ihn in dunkelster Nacht zum Leuchten gebracht. Alles haben wir selbst zusammengestellt, um ein Zeichen zu setzen für das, was mit der Geburt Christi für die Menschen geschehen ist. Angelus Silesius hat es in die Worte gefasst: »Der Himmel senket sich, er kommt und wird zur Erden …« Das ist die Botschaft des Weihnachtsbaumes, der im Innern bei den Menschen und von den Menschen aufgestellt und mit den Lichtern versehen wird. Sie spüren und glauben, dass Gottes Gnade sich der Erde zugewandt hat, dass Gott Erdenmensch geworden ist.

Jetzt ist alles ganz anders. Die Erde hat sich geschmückt und festlich erhoben. Mit den Kastanienblüten und den vielen anderen Blumen erheben wir unsere Seelen draußen im Anblick dieser Schönheit. Und dazu gehört die zweite Zeile der Strophe von Angelus Silesius: »Wann steigt die Erd empor und wird zum Himmel werden?«

Haben wir das Weihnachtsfest im Sinne des aufgerichteten Symbols erfüllt, so kann es jetzt im Mai erst wirklich Frühling werden: Es fügt sich dem Abstieg zur Erde der Aufstieg aus dem Irdischen ins Himmlische an:

Der Himmel senket sich, er kommt und wird
zur Erden,
Wann steigt die Erd empor und wird zum
Himmel werden?

PFINGSTEN

Der Schwan –
Verwandlungsstufen in
Natur und Mythos

Kleiner Gänge, Spazierwege, dann und wann oder regelmäßig, bedarf der Mensch, der gehetzt ist von der Betriebsamkeit oder Gefahr läuft, sich in seiner Abgeschlossenheit abzukapseln. Solche Gänge mögen durch einen Park mit einem Weiher führen oder an einen Fluss, wo sich Schwäne aufhalten. Aber die Gänge müssen nicht unbedingt hinausführen, sie sind auch im Stillen von der Seele gangbar. Geht man sie dann öfter und immer wieder, vertieft sich ihr Wert, wächst das Vertrauen, die innere Bereicherung. Um einen solchen Weg handelt es sich hier.

I. Am Boden

Jedermann hat wohl schon einen Schwan beobachtet, der auf dem Erdboden daherging. Schwer tut sich dieses Tier damit, ein Bild der Last. Sein Körper erscheint unproportioniert in Bezug auf das ›Gehwerk‹, die schwarzen, dünnen Beine; er watschelt nicht einmal wie eine Ente, sondern muss weit stärker und mühsam seine Last hin und her verlagern. Rainer Maria Rilke prägte den bemitleidenswerten Anblick in die Worte:

> Diese Mühsal, durch noch Ungetanes
> schwer und wie gebunden hinzugehn,
> gleicht dem ungeschaffnen Gang des Schwanes.[14]

Die Auseinandersetzung mit der Erdenschwere im Abstemmen der eigenen Körperlast würde wohl unser Erbarmen hervorrufen, wenn wir nicht wüssten, dass der Vogel ja für ein anderes Element geschaffen ist.

Wenn der Leib des reinweißen Vogels der Schwere des Todes erliegen muss, erhebt sich seine Seele zuvor in wunderbarem Gesang. Schon ein halbes Jahrtausend vor unserer Zeitrechnung erwähnt dies Aischylos, indem er die Worte der Kassandra vor ihrem Tode mit dem Klagegesang des Schwans vergleicht. Später, im Mittelalter, ist dieser Mythos auf den sterbenden Christus Jesus übertragen worden. Die Abschiedsreden Jesu oder die Worte am Kreuz hat man als solchen ›Schwanengesang‹ empfunden und den Schwan als Bild Christi gedeutet:

> Man sagt uns allen, dass der Schwan
> singet wenn er sterben soll.
> Dem tut Dein Sohn gleichen wohl.
> *Konrad von Würzburg*

II. Auf dem Wasser

Wie verwandelt sich aber das Tier, wenn es sich ins Wasser gleiten lässt! Vergessen wir vor diesem geruhsamen Anblick nicht die Schwere, die es scheinbar an den Boden bannt? Getragen, lässig, stolz und zugleich selbstvergessen zieht das wohlgestaltete Wesen über sanfte Wellen oder spiegelnde Flächen dahin. Rilke fährt in dem oben zitierten Gedicht fort:

> … in die Wasser, die ihn sanft empfangen
> und die sich, wie glücklich und vergangen,
> unter ihm zurückziehn, Flut um Flut;
> während er unendlich still und sicher
> immer mündiger und königlicher
> und gelassener zu ziehn geruht.

Nun hat der Hals die geschwungen-aufrechte Haltung, die dem Tier seine Grazie gibt. Die noch nicht gebrauchten Flügel spreizen sich, weiß-leuchtend, als Zierrat auf.

Der Schwan ist uns entrückt auf eine Ebene des unberührt-unschuldigen Daseins: ein Traum. Den Dichter veranlasst dies zu den Worten:

> Ihr holden Schwäne …
> Tunkt ihr das Haupt
> ins heilignüchterne Wasser.
> *Friedrich Hölderlin*[15]

III. In die Luft

Mit einem Male aber kann es sein, dass rauschend und klatschend das Tier sich wiederum gänzlich verwandelt. Sein Kopf streckt sich vor, die Schwingen breiten sich weit und schlagen in die Luft, und im Winde fliegt, langsam höher steigend, schon entrückt, wie ein Pfeil, licht und leicht, der Vogel. So hebt sich vom Wasser der weiße Nebelstreif ins höhere Element. So steigt in der Seele eine Ahnung auf – uns ›schwant‹ etwas. So sah Hagen in der Sage oder der Jüngling im Märchen die Schwanenjungfrauen sich erheben, Sehnsucht, Hoffnung oder prophetische Gabe erweckend. Tschaikowskys Ballett ›Schwanensee‹ möchte diese schwerelose Erhebung zeigen, die Flügel der Seele ausbreiten.

Ein entsprechendes Erlebnis hatte einmal der achtundzwanzigjährige Goethe, als er »in einer herrlichen Mondnacht aus dem Flusse stieg«, der vor seinem Garten durch die Wiese fließt. Sich aufrichtend aus dem Wasser der Ilm, im Anblick des matten Mondglanzes über den Wiesenflächen, der dunstig-weißen Schleier, war es über ihn gekommen:

> Alles gaben die Götter, die unendlichen,
> Ihren Lieblingen ganz,
> Alle Freuden, die unendlichen,
> Alle Schmerzen, die unendlichen, ganz.[16]

Da war sein Inneres selbst zur Schwanenjungfrau geworden, die das Bild für die im Atembereich schwingende, empfindende Menschenseele ist, die sich vor allem in Freude und Schmerz erlebt.

Bis zu dieser dritten Gestalt des Schwanenmythos vermögen wir noch durch die Vorstellung natürlicher Wahrnehmung zu folgen. Doch dann verlässt uns die Natur und wir müssen ohne sie weitergehen; und wir können es auch – über sie hinaus.

IV. Selbst aus Licht ...

Muss sich das Tier der Erdenschwere gegenüber mühsam *abstützen*, wird es vom Wasser *getragen*, so ist es in der Luft ganz und gar vom Element der Leichte *umgeben*. In der weiteren Verwandlung wird es *durchdrungen* vom Licht, wird es ganz ein Bote des Leuchtenden.

So wird der Schwan zum Grals-Gesandten. So kommt er wie ein Lichtstrahl in die Finsternisse der vom Schicksal geprüften Menschen. Lohengrin ist als Ritter im Grunde selbst der Schwan. Wird er nach seiner menschlichen Abkunft gefragt, muss er weichen, denn sein Auftrag, allein aus der Liebe Christi zum Menschengeschick stammend, erfüllt sich jetzt und hier und kann nicht aus der Vergangenheit, aus Geburt und Geschlecht, abgeleitet werden. In dieser seiner vierten, irdisch nicht mehr fassbaren Bildgestalt ist er der Bote des Friedens aus dem Geisteslicht. So taucht er in dem Gedicht Heinrich Heines auf, das den Titel ›Frieden‹ trägt:

> Hoch am Himmel stand die Sonne,
> Von weißen Wolken umwogt;
> Das Meer war still,
> Und sinnend lag ich am Steuer des Schiffes,
> Träumerisch sinnend – und halb im Wachen

Und halb im Schlummer, schaute ich Christus,
Den Heiland der Welt
Im wallend weißen Gewande
Wandelt er riesengroß
Über Land und Meer …
Und als ein Herz in der Brust
Trug er die Sonne …
Glockenklänge zogen feierlich
Hin und her, zogen wie Schwäne
An Rosenbändern, das gleitende Schiff …[17]

Sie ziehen es ans Ufer der Heiligen Stadt der Apokalypse, des Neuen Jerusalem, das gebaut wird unter der Sonne des Herzens Christi als zukünftiges Reich des Friedens.

Solche Wege zu gehen, solche ›Aufstiege‹ zu suchen, durch die Natur und über sie hinaus, ist keine bloße Mystik, sondern verfolgt im Bilde die Qualitäten, die im Menschen wie in der Welt eine sich durchdringende Einheit bilden. Der Geist Gottes in Gestalt des Lichtboten – Zeus als Schwan – naht sich der Menschenseele – Leda. Vom Geist befruchtet wird sie schöpferisch, kann Schönheit hervorbringen, kann Natur und Geist versöhnen.

Goldfasan

Warum sagt man von einem Menschen, er habe einen ›Vogel‹? Und davon abgeleitet spricht man davon, dass es bei ihm ›piept‹, und ›einen Vogel zeigen‹ gilt als echte Beleidigung.

Obwohl wir oft beobachten, dass Vögel auf der Erde laufen, Amseln, Stare, Hühnervögel, verbinden wir sie wegen ihrer Flügel mit dem Luftelement und fühlen, dass sie hinauf gehören, über uns, wo sie auf den Bäumen zwitschern, wo wir die Mauersegler ihre freien Kurven ziehen sehen oder wo die Zugvögel vorübergleiten. Deshalb gehören sie für uns Menschen nach oben, dem Kopf am nächsten.

In Ägypten hat man die Pharaonen mit dem Horus-Falken hinter ihrem Haupte dargestellt. Die hatten also ihren ›Vogel‹, aber im heiligen Sinne. Sie wurden von ihm inspiriert, sein Flügelschlag umwehte sie und trug ihnen die Gedanken zu. Auf Bildern wurden den Engeln als Gottesboten die Flügel der Vögel verliehen. Unabhängig von Raum und Zeit durcheilen sie die Höhen. Die Vögel sind Abbilder der Gedanken.

So hat der Evangelist Johannes den Adler als Symbol – oder konkreter: ein inspirierendes Wesen, das als Adler dargestellt wurde. Aber andererseits finden wir im Evangelium auch Vögel, die das zertretene Saatgut des Sämanns aufpicken, wenn es auf den Weg gefallen ist. In diesem Bilde können die Vögel auch die Flatterhaftigkeit der Gedanken darstellen, die Flüchtigkeit und Oberflächlichkeit.

So frei uns die Vögel scheinen und so sehr sie Bild für Gedanken sind, in der Natur ist andererseits auch zu beobachten, dass sie sehr starke Gewohnheiten haben, dass bestimmte Verhaltensweisen ihnen eingeprägt sind. In dieser Beziehung sind sie keineswegs frei, sondern sehr festgelegt. Im Nestbau, im Gesang, in der Aufzucht der Nachkommen wie auch im Balzgehabe sind die Vögel von ihren Organen her, von ihrer Triebnatur bestimmt und auf sie angewiesen. Lernfähigkeit bleibt eine Ausnahme.

Wenn sich bei einem Menschen nun *diese* Art und Ähnlichkeit mit der Vogelwelt zeigt, d.h. wenn sich bestimmte Gedanken und Gewohnheiten festgesetzt, eingenistet haben, dann kommt es zum Vergleich mit dem ›Vogel‹, den jemand hat. Der Betreffende kommt von seiner bestimmten Vorstellung nicht los.

Auf einer wunderschönen Insel im Lago Maggiore waren zahlreiche Kamelienbüsche zu bewundern, die im Mai in voller Blüte standen. Man pflegt dort auch allerhand Federvieh: weiße Pfauen, exotische Enten und den Goldfasan (Farbtafel XIV). Unter den Letzteren war ein besonderes Prachtstück: Tatsächlich glänzte seine Kopfkappe metallisch golden, sein übriges Gefieder war vielfach meliert und verziert, seine feinen Schwanzfedern waren von roten Streifen am Hinterleib flankiert. Offenbar schien er sich seiner Schönheit, seiner Pracht voll bewusst zu sein.

Es kam zum Glanze seiner Galauniform noch der harmonische Tanz hinzu: eine unendlich oft wiederholte, schwingende Lemniskate, die er durchlief, sich in die Kurven schmiegend, um sich immer wieder von der besten Seite zu zeigen, um der kleinen, unscheinbaren Henne zu imponieren. Die schien ihrerseits kaum Notiz von ihm zu nehmen: Gleichgültig, eher etwas verschüchtert, ging sie vor sich hin und ließ nicht einmal das gewohnheitsmäßige, lächerliche Picken. Sie schien sogar gelangweilt über das, was sie doch eigentlich anging. Wie gab er sich Mühe: stellte die Schwanzfedern steil und neigte ihr sein schönstes Gefieder zu, als hätte er es im Spiegel geprüft und als hätte er irgendein Verdienst an dieser Pracht.

Unsere Geduld, dem wunderschönen Tier beim Balzen zuzuschauen, war geringer als die des Tieres selbst. Dieser Hahn tanzte länger als eine halbe Stunde, während er immer wieder die Lemniskate zog und die Henne ihm kaum einen kurzen Blick nach der einen oder anderen Seite zuzuwenden geruhte. Das anmutige, gespreizte Auf und Ab, die aufgerecht-harmonischen Figuren blieben uns noch lange vor der Seele. Nicht er machte ja diese Bewegungen, sondern sie ihn. Nicht er zog seine eiligheiligen Schleifen, sondern ›es‹ zog ihn. Und warum das ganze Gehabe, wenn die Henne doch keinen Anteil nahm? Schönheit, natürlicher Stolz und Glanz, sich seiner selbst unbewusst, leuchtete auf, um seiner selbst willen, um da zu sein, wie ein heller Sonnenstrahl, der irgendwann und irgendwo durch verbergende Wolkenschleier bricht.

Der Fasan hatte seinen ›Vogel‹. Das Zwanghafte seiner Narretei erschien nicht zwanghaft an ihm und närrisch, es ist ein Teil seiner selbst, eine Äußerung seines Wesens wie sein goldenes Gefieder. Man möchte sagen: Solche Eitelkeit ist rein von Selbstsucht, zum ›Vogel‹ geworden, zu bewundern.

Wenn wir nur den jeweiligen Spleen, der sich in uns eingenistet hat, so tanzen lassen und frei bewundern könnten! Oft mögen wir dessen ebensowenig bewusst sein wie der Fasan seiner selbst bewusst ist. Doch darum ist es bei uns eben ein ›Vogel‹. Für das schöne Tier ist es besser, einer zu sein, als für uns, einen zu haben. Das Beobachten eines solchen Wesens löst Staunen und Dank aus, nicht nur als natürliches Phänomen, sondern als selbstständige moralische Kraft und Anregung.

Der Pfau

Die Göttin Hera

Nach Süden hin bildet die Landschaft der griechischen Insel Samos eine weit geöffnete Mulde. Darin befindet sich ein uraltes Heiligtum, das der Göttin Hera geweiht war. Heute finden wir nur noch die Reste einer überdimensionalen Säule und den Sockel eines gigantischen Tempels aus später hellenistischer Zeit.

In unseren Tagen tut man sich Schwer, die Andachtsempfindungen der Menschen von vor drei- bis fünftausend Jahren bei der Verehrung dieser Muttergottheit nachzuempfinden und die kultischen Riten zu rekonstruieren, die dort einst gepflegt worden sind.[18] Die Große Mutter muss auf Samos aus der traumhaft erlebten Fülle ihrer Lebensgegenwart von Jahrhundert zu Jahrhundert deutlicher ihre mythische Gestalt angenommen haben, bis sie uns im Marmorbild und umgeben von einem reichen rituell-kultischen Gottesdienst historisch fassbar blieb.

Einbezogen in die Hera-Verehrung, als Ausdruck ihrer Wesenheit, war unter den Pflanzen der Keuschlammstrauch (Vitex agnus-castus) und unter den Tieren der Pfau. Schon aus vorgriechischer Zeit stammen Münzen, die die Göttin von Samos mit den radschlagenden Pfauen abbilden.

Hera (römisch ›Juno‹) wird, auch noch in späterer Zeit, als die Himmelskönigin in Begleitung des prächtigen Vogels dargestellt. Ovid überliefert die Sage von Argus, jenem mythischen Wesen mit hundert Augen, auch Panoptes, der Allessehende genannt. Nach dem Tode dieser Mythengestalt setzt Hera ihrem Pfau dessen hundert Augen ins Gefieder ein. Er trägt also auf dem rund gefächerten Schweif die Vielzahl von Augen und wird so ein Allessehender im Dienste Heras. Sein blaugrün schimmerndes Rad war zugleich ein Bild für das Himmelsrund. Auf diesem leuchten die Sterne als die alles sehenden Augen der Götter – oder der Himmelsgöttin Hera. Der Pfau ist ein mythisches Bild für offenbar nicht anders darstellbare Eigenschaften und Fähigkeiten der Göttin.

Plato und später Plutarch haben noch den Zusammenhang gesehen, dass der Name Hera und Aer (Luft) eine lautliche Beziehung zueinander haben. Darin fanden sie eine Bekräftigung der Anschauung, dass Hera die Göttin des weiten Luftreichs sei. Im webenden Leben über den Wassern und der Erde, unter dem Himmel atmete und waltete sie, in jährlichem Rhythmus befruchtet, fruchtbringend und immer wieder jungfräulich werdend.

Diesen Zyklus macht auch ihr heiliges Tier mit: Der Pfau entfaltet seine größte Pracht im Frühling, im Mai etwa, kommt später in die Mauser und braucht lange Monate, bis ihm das Gefieder, insbesondere die Augen-Schweiffedern, neu gewachsen ist. Wenn später Hera als auf dem Pfauenwagen durch die Lüfte ziehend dargestellt wird, so ist dies die mythologische Ausprägung eines Vorgangs, den man zwar nicht mehr erlebte, jedoch immer noch als Sage tradieren konnte.

Im augenbesetzten Rad besitzt der Pfau (und damit die Göttin) ein ›alles sehendes‹ Wahrnehmungsorgan, Bild für sphärisches Schauen von überall her, dem ein kosmisches Bewusstsein zugrunde liegen muss. Dieses steht im Gegensatz zu unserem irdischen ›punktuellen‹ Bewusstsein, das sich im Zusammenhang mit unserer irdischen ›punktuellen‹ eingeschränkten Sehfähigkeit gebildet hat.

Die Vision des Hesekiel und des Johannes

Zu Beginn des Buches des Propheten Hesekiel im Alten Testament findet sich die Schilderung der Vision von den vier Wesen in und um den Thron der Gottheit, die die Züge von Löwe, Adler, Stier und Menschenantlitz tragen. Jedem dieser hierarchischen Wesen gewahrt er ein Rad beigegeben: »Das Aussehen der vier Räder war wie der Schimmer eines Chrysoliths und die vier Räder waren alle von gleicher Gestalt und sie waren so gearbeitet, als wäre ein Rad mitten in dem andern. Sie konnten nach allen vier Seiten gehen, ohne sich im Gehen zu wenden … und ihre Felgen waren voller Augen ringsum an allen vier Rädern. Wenn die vier lebenden Wesen gingen, so gingen auch die Räder neben ihnen.«

Wir finden in der Schau des Hesekiel diese Gottheiten – denn so müssen wir jene »vier lebenden Wesen« bezeichnen – begleitet von Rädern wie Hera vom Pfau. Ergänzt wird das Geistes-Bild des Hesekiel durch die Offenbarung des Johannes im vierten Kapitel. Dort schaut der Seher ebenfalls in unmittelbarer Nähe des himmlischen Thrones die viergestaltigen Wesen. Hier haben sie jedoch selbst die Fülle der Augen: Vorn und hinten und besonders auf ihren sechs Flügeln sind sie übersät von Augen. Wir müssen uns diese sternenhaft, zugleich aber auch als Fähigkeit vorstellen, sphärisch zu schauen. Die höchsten Hierarchien (ihre unmittelbare Nähe zum Welten-Ruhepol, dem Throne Gottes) werden durch die Augenfülle als Panoptes, Allessehende, gekennzeichnet.

Der Pfau wird hier nicht ausdrücklich erwähnt, aber die Charakterisierung der Vision wird in keinem Naturbild so anschaulich wie in der Gestalt dieses Vogels. Dass er in Israel, also auch Hesekiel bekannt war, geht aus den Schilderungen der sagenhaften Reichtümer des Königs Salomo hervor (1Kön 10ff.). Am Hof des weisen Königs hielt man diese Tiere. Mag man heute auch nur ein königliches ›Statussymbol‹ darin sehen, es war aber doch mehr: das natürliche Abbild einer höheren Fähigkeit, eines kosmisch-umfassenden Wahrnehmens. Salomos Weisheit hatte möglicherweise darin ihren Ursprung. Die Königin von Saba bewunderte und pries ihn, der auf alle Weltenrätsel eine Antwort wusste. Sie sah ihn in seinen Gärten flankiert von den radschlagenden Pfauen.

In den Katakomben, auf den Sarkophagen

Stolzierende und balzende Pfauen in den Ziergärten römischer Luxusvillen mögen die Paradiesvorstellungen in der ausgehenden Antike und dem frühen Christentum beeinflusst haben, wie heute angenommen wird.[19] Danach waren die Pfauen die Krönung der Pracht und des Reichtums dieser Gärten. Ebenso kann aber auch der entgegengesetzte Gedanke gefasst werden: Man mag in den blühenden Gartenanlagen und den darin wandelnden Ziervögeln Projektionen der himmlischen Schönheit, der Epiphanie göttlichen Wesens gesehen haben. Der Pfau hatte daran seinen Anteil.

Die Seelen der Verstorbenen finden in den Katakomben (z.B. den Hypogänen unter der Via Latina) ihr Sinnbild im Pfau. Es handelt sich im wesentlichen nicht nur um ein Symbol himmlischer Paradiesesfreuden, sondern darum, dass dem Verstorbenen die Möglichkeit erwächst, nach und nach zu einem ›Panoptes‹ zu werden, d.h. sphärisch-umfassende Wahrnehmungsfähigkeiten zu entwickeln. In den Katakomben und auf Sarkophagen sind nämlich die dargestellten Pfauen nicht mit aufgeschlagenem Rad abgebildet, was ja ohne weiteres möglich wäre, wenn es sich nur um die ›himmlischen Freuden‹ handeln würde. Die Pfauen als Seelenvögel picken von Broten (Katakombe im Vatikan) oder sind dem Christusmonogramm zugewandt, das zugleich die Achse des heiligen Weinstocks bildet (Sant'Appollinare Nuovo, Ravenna). Durch solche Speisung erwachsen ihnen im nachtodlichen Bereich die entsprechenden ›himmlischen Freuden‹, d.h. höhere geistige Fähigkeiten.

In diesem Zusammenhang ist es von Bedeutung, dass in einem frühchristlichen Hymnus aus dem 4. Jahrhundert die geistige Schönheit eines Asketen mit der des Pfaus verglichen wird. In der geistig-seelischen Schulung, die der christlich Übende durchführt, entstehen die Fähigkeiten der ›Pfauenaugen‹, es wachsen ihm die Augen-Federn.

Als die heilige Barbara sich gegen den Willen ihres Vaters Dioskur von Nikomedien zu Füßen des christlichen Lehrers Origenes setzte, dessen Lehre aufnahm und Christin wurde, zeigte ihr Vater sie an. Auf Geheiß des

Abb. 12. Pfauen, Domitilla-Katakombe unter der Via Latina, Rom.

Statthalters geißelte man sie. Doch ihr verwandelten sich
die Marterpeitschen zu Pfauenfedern, sagt die Legende.
Wenn wir den oben entwickelten Gedankengängen weiter folgen, so bedeutet dieser Verwandlungsvorgang, dass
der Märtyrerin in der Folter schon ›die Augen aufgingen‹.
Es sind keine körperlichen Organe, sondern Augen, die in
der geistigen Welt ›aufgeschlagen‹ werden. Die Geißelhiebe versetzen sie außerhalb ihres Leibes, in die übersinnliche Welt, in der sie zu schauen beginnt.

Wie der Pfau schon im Zusammenhang mit der griechischen Göttin Hera am Rhythmus der Lebenskräfte im
Jahreslauf teilnimmt, so wird er im jungen Christentum
auch zum Auferstehungssymbol. Der Schriftsteller Plini-
us der Ältere schildert in seiner Naturgeschichte, wie das

Gefieder des Pfaus im Frühjahr wiedergeboren (renascitur) wird. Das entspricht der christlichen Auffassung: Die Seele darf durch den Anteil an Christus den ›Blumenflor ihres himmlischen Kleides‹ gewinnen. Da wird Erkanntwerden und Erkennen eines: Sehen und Gesehenwerden in der Welt der Hierarchien.

Augustinus (†410) hielt – hier gleitet das Bewusstsein aus dem Mythos schon in eine materialistische Vorstellung ab – das Fleisch der Pfauen für unverweslich.[20] Er machte sogar selbst das Experiment, hob ein Stück Pfauenbraten auf und ließ es eintrocknen ...

Im Mittelalter

Vom ›Pfauenschwur‹, den ein Ritter im Minnedienst ablegen musste, bis zu dem Federbusch aus Pfauenfedern am Helm der Ritter – Kaiser Maximilian I. ist noch um 1500 mit einem solchen abgebildet – blieb eine besondere Symbolik mit den Augen tragenden Federn verbunden. Aus Spanien soll in die höfischen Sitten und Riten noch der Tanz der Pfauen, die Pavane, hinzugekommen sein. Wir wissen nicht, ob zu Zeiten der Hera auch schon Pfauentänze in gravitätischem Hin- und Widerschreiten aufgeführt worden sind. Selbst in den Visionen der Propheten stehen jene Räder mit den Pfauenaugen nicht still, sondern führen ganz bestimmte Schritte aus nach den verschiedenen Richtungen, »ohne sich umzuwenden«. Dieser bei Hesekiel geschilderte ›Tanz‹ findet seinen Abglanz in der höfischen Pavane, die zu dem Tragen der Pfauenfedern als Kopfputz und Helmbusch als einem Abbild höherer Wahrnehmungsorgane dazugehört.

»Und wenn sie gingen, hörte ich ihre Flügel rauschen, gleich dem Rauschen großer Wasser, gleich der Stimme des Allmächtigen, und ein Getöse wie das eines Heerlagers. Wenn sie stillstanden, senkten sie ihre Flügel«

(Hesekiel 1,24). Wer je einmal länger einen balzenden Pfau beobachtet hat, erinnert sich dieses merkwürdigen Bebens, das ein unglaubliches Rauschen hervorbringt. Das Tier scheint mit abgezirkelten Schritten eine Pavane zu tanzen und befindet sich in herausgehobenem Zustand. Was sich dabei im Kleinen an seltsamer Schönheit ereignet, kann einer Königin von Saba am Hofe Salomos, kann den ersten Christen noch zu anderen Ebenen gewiesen haben.

Wenn zahlreiche Engeldarstellungen in der mittelalterlichen Malerei mit Pfauenaugen an den Flügelfedern gefunden werden, so ist dies wohl nicht als Zeichen ›himmlischer Prachtentfaltung‹ zu verstehen, sondern weist darauf hin, dass die Flügel einerseits zwar Organe des raum- und zeitlosen Fortbewegens sind, daneben aber auch etwas von der ›allsehenden‹ Fähigkeit höherer Hierarchien an sich tragen.

In den Folgezeiten

Der Pfau wird zum Symbol der Eitelkeit. Als etwas Prächtiges zu scheinen, ohne es zu sein, das charakterisiert die Lebensauffassung an den Höfen des Barock und Rokoko bis hin zum Pfauenthron Ludwigs II. von Bayern. In dieser Phase der Kulturentwicklung behält das Pfauenbild nur noch seinen äußerlichsten Glanz – die ›Augen‹ sind längst erblindet. Man überfeinert und steigert den Schein in unbewusster Sehnsucht nach dem Wesen. In diesem Sinne bildet sich dann auch die Vorstellung von religiöser Seite, dass die Eitelkeit des Pfaus mit dem bloßen Schein der verführerischen ›Frau Welt‹ in das Wesenlose des Abgrunds stürzen muss, wenn sich Gottes Wesen und Wahrheit offenbart.

Wie weit haben sich diese Bilder vom Ursprung entfernt! Das Christentum hat seine Mythen aus der Zeit seiner Entstehung verloren. Andererseits ist die Anschauung von Naturwesen, zum Beispiel eines solchen Vogels wie dem Pfau, restlos ›entmythologisiert‹. (Man wundert sich nur, dass er offenbar den Gesichtspunkten einer darwinistischen Entwicklungstheorie nicht entsprechen wollte, denn ›nützlich‹ im Kampf ums Dasein dürfte der lange Schweif im Leben auf den Bäumen indischer Zonen nicht gerade sein …)

Vielleicht gelingt es noch den Dichtern, durch bildhafte Aussagen die Natur wieder auf Geistprozesse zu beziehen. So finden wir bei Gottfried Benn eine Strophe in dem Gedicht, das dem Wiederkommenden gewidmet ist. Unter der Überschrift ›Jener‹ heißt es zum Abschluss:

> … erst wenn die Stunde der Träume spricht,
> kommen Oleander und Pfauen.
> Dann sieht die Erde für Jenen aus:
> »Komm in unser umblühtes Haus.«

Tauben auf Tinos

Im Gegensatz zu fast allen Wesen auf Tinos, einer Insel in der südlichen Ägäis, haben es die Tauben dort sehr gut. Sie sind die lichten, vornehmen Gäste, auch wenn sie längst heimisch geworden sind.

Türme hat man ihnen einst gebaut, vornehm, im venezianischen Stil, schmucke Bauwerke – welcher Aufwand für ein paar Tauben. Wie mit Smokstickerei gebrüstet, frisch geweißelt, stets der Stolz der Insel, – wie die kleinen Feldkapellen, die Gotteshäuser an den Hängen, so zahlreich, auch so oft fotografiert.

Für welches der nützlicheren Tiere hätte man sich so viel Mühe gegeben? Gibt es verzierte Eselshäuser? Wie sehen die Ziegenställe aus? Und die düsteren Feldstein-Bauten für Kühe und Schafe? Wer käme auf den Gedanken, Hühner zum Zwecke des Eierlegens und zum gelegentlichen Schlachten anderswo unterzubringen als am Abfallhaufen, ins Halbdunkel gepfercht und hinter Maschendrahtgitter? Allein die weißen Tauben haben alle Privilegien! Kuhmist lässt man liegen, mauseseläpfelbestreut sind alle Wege, und für Taubenmist sollte man extra Türme gebaut haben wie kleine Märchenschlösser? Oder vielleicht wegen der Taubeneier? Wo es doch Hühner gibt?

Welches Paradies würde ihnen die Insel auch ohne ihre kostbaren Behausungen bieten! Überall Körner wilden Getreides, ähnlich der Gerste, der Hirse, dem Hafer. Und Distelsamen, Bäume voller Maulbeeren, satt zu picken in Hülle und Fülle. Und dabei all die zahlreichen Felsenklüfte, die einer Taube Nistplatz bieten, vorausgesetzt, sie wollte aus ihrem Schlösschen ausziehen (oder vielmehr ausfliegen), hoch oben, unerreichbar für alle möglichen Feinde.

Und dann stürzen sie sich, einzeln und in Schwärmen, in den Wind, in die warme, aufsteigende Luft oder in den wilden Sturm, immer aber mit Anmut und Würde, immer glänzend, sanft schwingend, von Leichte getragen.

Wohl dass man einstmals, wenn man in die Ferne fuhr, zur See, an fremden Küsten entlang, sie heimsandte als Boten: Sicherlich waren es oftmals Brieftauben mit Nachrichten vom Glück und Unglück des fernen Reisenden, des Seefahrers, des Wandernden, des Pilgers ins Heilige Land.

Und so scheinen sie mir dort eigentlich wie unbeschäftigte Boten, Briefträger auf Urlaub, vornehme, doch anmutige Gäste. Oder wollen sie eine Nachricht geben und wir nehmen sie ihnen nicht ab? Schreiben sie notgedrungen, um sich verständlich zu machen und doch vergebens, mit ihren Kreisen und Schwüngen Botschaften über die friedliche Insel? Als im Sonnenlicht, bei einer Wendung ihres Schwarms, alle ihre Flügelpaare aufleuchteten, war es mir, als hätten sie mir eingeleuchtet, so wie wenn man versucht, sich eines vergessenen Traumes zu erinnern, und für einen Moment erhascht man noch etwas, wenn's auch nur der Abglanz einer verlorenen Stimmung ist.

In der Nähe eines Taubenturms muss man schon recht stark lärmen, wenn man die Vögel zum Abfliegen veranlassen will. Sie sind's gewohnt, es nicht auf sich zu beziehen: Gelassen, fragend, vorsichtig blicken sie herüber, indigniert, weil einer sie scheuchen wollte.

Doch sie haben ein Gegenbild, wilde ungebetene Schatten: die Krähen! Ich beobachtete sie, wie sie im weichen Geäst eines Feigenbaums herumtapsten und in die reifen Früchte hackten, wie sie sich kreischend am Abfall gütlich taten. (Dort geruht sich nie eine Taube niederzulassen.) Auf einer Mauer hatte sich ganz in meiner Nähe eine solche Dohle niedergesetzt. Sie hielt den Hackschnabel auf, als wolle sie etwas sagen zu ihrer Verteidigung, wie mit schlechtem Gewissen, dann zog sie ab, düster, ihren Schattengesellen nach.

Einmal jagten die Krähen die Tauben. Mit Kreischen wollten sie sich in den Schwarm stürzen. Doch die Tauben waren wendiger und hielten zusammen, lautlos glitten sie in engen Kurven, als würden sie sich überschlagen, und schienen noch auf der Flucht ihrer Sache sicher.

Es ist schön, dass nicht alles nützlich ist. Die Tauben werden als lichte Boten beherbergt und geehrt, auch wenn man ihre Friedensgrüße nicht versteht.

Engel sind gewiss erhabener, größer, gewaltiger – auch mögen sie nicht so müßig sein –, und insofern sind die Tauben höchstens ein auf die kleine Menschenseele vermindertes Abbild. Doch ihnen Gastrecht zu geben und sie zu ehren, auch wenn man ihre Botschaft nicht mehr oder noch nicht versteht, ihnen Stätten zu schaffen, wo sie heimisch werden können – das wäre so schön wie der Segen der weißen Tauben und ihre Schwünge über der Insel.

Beinwell

auch Schwarzwurz, Wallwurz, Beinheil

Als kräftige Staude, an Hecken und feuchten Gräben, in Gärten und an schattigen Waldrändern wachsend, sprosst sie in üppigem Dunkelgrün, mit einfachen, aufrechten, rauhaarigen Blättern und glockig-hängenden Blütentrauben. Genauer betrachtet erkennt man, wie die saftigen, breiten lanzettförmigen Blätter aus den Kanten des Stängels hervorsprießen, ohne deutliche Knoten zu bilden. Die Pflanze besitzt lange, kräftige, mehrköpfige Wurzeln, deren Rinde hart ist und von dunkelbraunem oder schwärzlichem Aussehen, während das Innere dieser Wurzeln weißfleischig erscheint und einen hohen Schleimgehalt hat.

Als etwas Derb-Gesundes erleben wir die Pflanze. Alle Lebenskraft geht in die Blätter; die hellviolett bis braunvioletten Blütenglocken, je nach Art, sind unscheinbar, versprechen aber den Hummeln reichliche Nektar-Ernte.

In seiner Pflanzenfamilie ist der Beinwell (Symphytum officinale und peregrinum) eine liebenswürdige, kräftige Matrone. Bekannter ist der Neffe, der der Familie den Namen gegeben hat: der Borretsch. Man nennt sie zusammen die Boraginaceen oder Raublattgewächse. Im Kräutergarten hat der Borretsch mit seinen himmelblauen, nickenden Honigblütensternen und seinen weich behaarten Blättern einen festen Platz.

Vor allem aber ist die kleinste unter den Angehörigen

dieser Familie, das Vergissmeinnicht, bekannt. Dann gibt es noch den Natterkopf, der auf steinigen Böden kräftig emporwächst und leuchtend rötlich bis hellblau erblüht, und viele andere Variationen dieses Pflanzentypus. Der Beinwell aber ist besonders kraftvoll und dominant und weiß Rat in allen Fällen ...

Man kann Beinwell als Gemüse essen, sowohl die Wurzeln wie auch die Blätter, vor allem aber wird die Pflanze als Salbe, Tee, Umschlag und schließlich auch als Medikament in Form von Injektionen verabreicht. Seit Jahrhunderten hat sie den Menschen gedient, heute kennen sie kaum noch ihren Namen und jäten die Pflanze als ›Unkraut‹. Doch gibt es unterdessen auch wieder ganze Rezeptbücher allein für dieses prächtige, artenreiche Gewächs. Eine Firma hat sich ganz der Erforschung und Verwertung gewidmet; in Kanada, England und den USA wird sie als Comfrey-Pflanze in großem Stil angebaut.

Wie können wir sie näher kennen lernen? Vielleicht dadurch, dass wir die Namen ihrer besonderen Wirkstoffe erfahren? Was wir nicht selber sehen, wollen wir uns sagen lassen, so umfassend wie möglich. Auch Spezielles gliedert sich in ein Gesamtbild ein, aus dem uns die Pflanze bekannt, ja verwandt wird. Aus solcher Verwandtschaft heraus hilft sie uns bei verschiedenen Krankheiten, neue Kräfte anzuregen. Was uns und ihr gemeinsam ist, führt uns gesundende Wirkungen zu.

Wir erfahren, dass diese lebenskräftige Pflanze in ihrer Wurzel reich an wasserlöslicher Kieselsäure ist, dass der Saft schmerzstillend, gewebebildend und gefäßerweiternd wirkt. Alle diese einzelnen erforschten Züge weisen auf Lebensbildekräfte eigener Art hin, die sich im Beinwell zusammenfinden.

Vielleicht ist das Bild von der liebevoll-resoluten Tante, in deren Gegenwart es einem schon wohl wird, die jederzeit hilfsbereit zur Seite steht, nicht schlecht. Aromatisch

Abb. 13. Beinwell (Symphytum officinale).

ist sie nicht, sie duftet nicht interessant oder eigenartig, doch wo sie wirkt, vermittelt sie Leben, erholen sich Gewebe und Knochen, bauen sich Kräfte aus dem Saftig-Schleimigen auf, es bildet sich wieder Haut, es heilen die Wunden.

Wenn der Arzt an die Wirbelsäule eine Symphytum-Injektion gibt oder die kundige Hausfrau einen frischen Umschlag für das verletzte Bein bereitet, wird uns Gesundheitskraft zuteil, die diese Pflanze gesammelt hat. Aus all den differenzierten Lebenskräften, die allgemein in der Natur vorhanden sind, ›kondensiert‹ sie diejenigen, die in diesem Sinne dem menschlichen Organismus vermittelt werden können.

Im Kornfeld

Zwischen Wasser- und Feuertaufe

Das Kornfeld

Was ist schöner als das Feld,
wenn die Halme, all die schlanken
    leise schwanken,
und ein Halm den andern hält.

Wenn im Korn die Blumen blühn,
leuchtend rot und blau dazwischen
    und sich mischen
Lieblich in das sanfte Grün …

Johannes Trojan

Noch steht das Korn zwischen Pfingsten und Johanni kräftig und grün auf den Feldern. Der Weizen wächst dicht und saftig, etwas lichter und höher der Roggen. Im Gerstenfeld erglänzen, wenn der Wind hindurchgeht, die Wellen, denn die Ähren sind zart und geneigt, mit langen strahligen Haaren. Im Hafer raschelt's; er ist wie hohes Zittergras.

Nun hat, wenn sie nicht ausgerottet worden sind, das Korn seine steten Begleiter, vor allem Mohn und Kornblume.

Wenn jetzt die heißeren Tage kommen und das Korn in der Wärme zur letzten Fülle schwillt, dann flimmert die Luft über dem Feld. Im Flimmern aber leuchtet es wie Feuerflammen oder wie Schmetterlinge mit roten Flügeln: Die Mohnblumen sind es, die, besonders bei Gerste und Weizen, etwas höher als die Kornhalme aufragen. In ihrem Flammenspiel erscheinen sie über das Feld getupft, ein zarter Stängel lässt sie sich leicht bewegen, und die zinnoberroten Blütenblätter, vier an jeder Blume, sind hautfein, wie Schmetterlingsflügel. Violettschwarz sind die Blüten innen im Grund, an feinen kurzen Stängelchen sitzen die Staubgefäße über dem Hut der langsam wachsenden Mohnkapsel.

Unten dagegen, im hellgrünen Dämmerlicht, zwischen den Halmen, wächst die Kornblume. Man möchte einmal so schlank sein, dass man durch diesen Kornhalm-Wald schlüpfen könnte, um die blauen Blumen da unten zu besuchen. Es ist, wie wenn man unter Wasser wäre in einem hellgrün-dämmrigen Licht-See. Die Kornblumen haben alles tiefe Blau an sich gesogen. Luftig sind die zusammengesetzten Blüten nach allen Seiten ausgefiedert in schmalen, fünfzählig gezipfelten Kelchen. Da unten im Feld waltet ein dämpfig-wässriges Klima, ein durchwärmtes, unsichtbares Wasserrauschen, in dem das Kornblumen-Blau schwimmt.

Oben, über dem Ährenfeld, flammt das Feuerelement. Zwischen Wasser und Feuer reift die Saat heran.

Zu Pfingsten, so sagt es die Apostelgeschichte, flammte über den Menschen das Geistesfeuer auf, zu Johanni ruft der Täufer zur Wassertaufe: So reife der Mensch heran.

Und solches geschieht auch im Kornfeld, selbst wenn kein Mohn mehr und keine Kornblumen den Vorgang anzeigen dürfen.

Später werden Gewitter kommen, feuriges Blitzen und Regenströme. Jetzt aber sind es noch die nahen, stillen, vorausdeutenden Begleiter: der rote Mohn, die blaue Blume. Wenn im Juli und August das Korn gereift und geerntet sein wird, später, wenn es gemahlen und beim Backen das Mehl verarbeitet wird, dann werden wieder Wasser und Feuer wirksam werden: der Teig wird mit Wasser bereitet und im Ofen brennt das Feuer. Dann ›reift‹ das Brot heran.

Das junge Korn geht zwischen Pfingsten und Johanni, zwischen Kornblume und Mohn durch Wasser- und Feuertaufe. Der Vorgang wiederholt sich im Bereich der Aufbereitung zu menschlicher Nahrung immer wieder: Wenn der Brei gekocht wird mit Wasser und Wärme ebenso wie beim Backen des Brotes.

Seerosen im Medium des Bildhaften

Die Elemente

Die Natur der *Erde* im Sinne des Festen manifestiert sich uns in Gegenständlichkeiten. Die Erde ›steht entgegen‹, sie bietet uns Widerstand, ›Gegenstand‹. Dadurch trägt sie uns und bietet uns ständigen Halt, andererseits jedoch begrenzt sie uns räumlich. Durch das uns entgegenstehende Feste, Wände und Möbel eines Zimmers, ein Haus, Mauern, Zäune und Bäume einer Straße, auch die Bodenwellen oder Berge einer Landschaft, gestalten sich die Räume. Dies entspricht unserem körperlichen Sein, das ebenfalls eindeutig begrenzt ist und in einem bestimmten Größenverhältnis zu allem sonstigen Gegenständlichen steht.

Demgegenüber vermittelt uns das *Wässrige* das Erlebnis der Zeit. Zwar ist ein Fluss durch Ufer begrenzt, doch durch sein Strömen werden uns zeitliche Abläufe, Kommen und Gehen erlebbar. Im Fließen ist kein Stillestehen, selbst das ›ewige Eis‹ triftet, und wo das Wässrige in die Luft übergeht, in den Wolken, sind Wechsel und Wandel. Im größeren Zusammenhang ist uns der Wellengang ein Bild des zeitlichen Rhythmus und die Gezeiten der Meere Lebenspuls des Erdorganismus. In einem ›stehenden‹ Gewässer, das es genau genommen nicht gibt, bemerken wir das Werden und Vergehen der Spiegelungen, schwimmende Verzerrungen, Verdunsten und Niederschlag.

Die *Luft* ist für uns unsichtbar. Sie wird zum Bild des Geistes, der nicht mehr unmittelbar wahrnehmbar ist. »Der Wind weht, wo er will, du hörst sein Rauschen, aber du weißt nicht, woher er kommt und wohin er geht«, so spricht das Johannes-Evangelium mit den Worten Jesu von der Verwandtschaft zwischen Luft und Geist. Entsprechend schildert die Schöpfungsgeschichte, wie dem neu erschaffenen Menschen die Seele eingehaucht wird, wodurch er zum lebendig-beseelten Wesen wird. Schall und Klang zu gewahren ist nur möglich durch die Luft als Träger. Auf diese Weise wird sie zum Vermittler für das Wort, für den Donner als Himmelsstimme, für den Schall in den elementaren Geräuschen oder den Lauten der Tierwelt.

Darüber hinaus vermittelt das Luftelement auf seltsame Art die Wirkungen des *Lichtes* und der *Wärme*: Verschiedene Trübungen und Klarheiten lassen Beleuchtungen und Brechungen entstehen. Helligkeit und Dunkelheit werden nicht einfach nur als Licht und Finsternis erlebt, sondern als ›Atmosphäre‹, in der sich das Licht offenbaren kann. Im Zusammenhang mit Verdichtung und Verdünnung, den Druck- und Temperaturunterschieden, wird die Luft auch zum Vermittler der Wärme.

Diese vier in der Natur miteinander- und durcheinander spielenden Stufen sind nicht nur Aggregatzustände, sondern verschiedene Seinsqualitäten, die unser Lebensgefühl unmittelbar ansprechen. Es ist *unsere* Welt, in der wir leben: getragen und uns tragend von der Festigkeit, pulsierend in allen Lebensprozessen des Wässrigen, ›vom Atem erschüttert‹, wie es Thornton Wilder ausdrückt, und am Licht erwachend. Die Wärme ist der geheimnisvolle Motor des mannigfaltigen Wechselspiels oder das fünfte Element.

Eine wesentliche Grenze stellt in diesem Zusammenhang der Elemente der Übergang zwischen Flüssigkeit und Gas dar. Wässriges ist für uns noch mit einem gewissen Widerstand behaftet und unterliegt der Schwerkraft. Es sucht überall eine waagerechte Oberfläche zu bilden, während die Luft dazu neigt, sich sphärisch auszubreiten.

Ein Beispiel zur Veranschaulichung: Eine Achatmandel, die im Querschnitt deutlich das Geronnene von Werdeprozessen zeigt, offenbart verschiedene Bildungsformen. Das Innere ist entweder *sphärisch* gegliedert, in kryptokristallinen Schichten, oder mit entsprechenden sichtbaren Kristallstrukturen angefüllt. Dazu kommen Schichten, die *waagerecht* übereinander liegen. Im ersten Falle ist Dampf in den Blasenhohlraum eingedrungen, der sich mit dem Erkalten oder Vermindern des Drucks rundum niedergeschlagen hat. Im anderen Fall ist Flüssigkeit eingeströmt, Schmelze oder Lösung, und hat sich unten abgelagert. Wenn beide Formen im Bild einer Achatscheibe vorkommen, sind die sphärischen, vom Dampf herstammenden Formen stets weiter in der Mitte und im oberen Teil, die waagerechten unten. So bilden sich in zwei Gestaltungsformen Flüssigkeit und Gasförmiges verschieden ab.

Kommen wir auf die Grenze zwischen ›Wasser‹ und ›Luft‹ zurück. Aus dem gelagerten Fließenden geht ununterbrochen etwas in den sphärischen Raum des Luftigen über oder schlägt sich von dorther nieder. Die Grenze ist also eine ›übergängliche‹, eine zarte. Dennoch: Sie ist von uns erlebbar als diejenige zwischen Schwer und Leicht, zwischen sichtbar und unsichtbar.

Die Seerosen

Im Medium des Festen, Wässrigen, Luftförmigen und im Licht entfalten die Nymphaea-Arten in besonders charakteristischer Weise ihr Wachstum und Leben. Sie wurzeln im erdigen Festen, im Mulm des Übergangs vom Festen zum Flüssigen, dort fassen sie Halt, auch wenn sich das Wasser in Bewegung und langsamer Strömung befindet. Im Wässrigen gelöste Stoffe nehmen sie auf und wachsen in Sprossen und Trieben stängelförmig im Wasser dem Licht der Oberfläche entgegen.

An der Grenze angekommen, bilden sich die Blätter aus, zunächst noch senkrecht stehend, bald sich auf der Wasserfläche ausbreitend. Die Blätter schwimmen handgroß auf dem Wasser, nutzen dessen Oberflächenspannung. Wasserspannung und Blattausbreitung werden eins. Im Zentrum der sich ausbreitenden runden Blattflächen erheben sich aus den Unterwassertrieben die Knospen deutlich in die Luft empor.

Im Gegensatz zur runden Blattform spitzt sich die

Knospe oval zu. Die farbigen oder weißen Kron-Blütenblätter scheinen im Wachstum die grünen Kelchblätter auseinanderzudrängen: Die Blüte öffnet sich mit ihrer Vielzahl spiralig angeordneter reinweißer oder zartfarbiger Kronblätter. Jetzt, an der Luft und am durch sie vermittelten Licht, tut sich das Auge auf und erlangt Farbigkeit, und in der Mitte beginnt ein kleines, warmgelbes Feuer zu brennen: die Staubgefäße, die sich in die Luft, das Licht, die Wärme zerstäuben. Dieser Verbrennungsprozess zieht die Insekten, Bienen und Hummeln, an.

Ihre Lebensfunktionen zeigen die Seerosen an den Grenzen, an den Übergängen von einer Stufe zur nächsten. Im Teichgrund, wo sich Erde und Wasser durchdringen, wurzeln sie, auf der Wasseroberfläche schwimmen die Blätter, hinauf in die Luft und ins Licht heben sich die Blüten und stäuben Blütenstaub in den Wärmeumkreis. Der eigentliche Lebensort der Seerose ist jedoch die Schwelle Wasser – Luft. An dem zarten Übergang ereignet sich das Wunder. Zur Erde hin, im Dunkeln gebunden, zum Licht hin sich opfernd in Zerstäubung.

Elemente bzw. Lebens-Bereiche nehmen in der Pflanze Gestalt an: Wurzelfaser, Blattstiel, Blattspreite, Kelch und Blüte sowie Blütenstaub. Jede Form ist charakteristisch und doch organisch metamorphosierend.

Claude Monet (1840–1926)

Monet ist der große Maler der Seerosen. Zeitlebens hat ihn zunächst das Wasser mit seinen vielfältigen bewegten farbigen Lichtreflexen interessiert. Dann, in der Mitte seines Lebens, zieht er dorthin, wo zwei Ströme, die Seine und die Epte, zusammenfließen, zwischen Rouen und Paris, in ein Haus mit wunderschönem Blumengarten. Und dort will er sich durchaus einen Seerosenteich anlegen. »Zur Zierde und Augenweide, ebenso soll es dem Maler ein schönes Motiv sein.« Und mehr und mehr wird ihm dieses Motiv »zu einer Zwangssache«, wie er selber schreibt, es lässt ihn nicht mehr los.

Die letzten zwei Jahrzehnte seines Schaffens malt Monet fast nur noch Seerosenbilder (siehe Farbtafel XV)! Seine Zeitgenossen haben kein Verständnis dafür, zu eintönig und zu simpel erscheinen ihnen seine Bilder, Seerosen seien eher ein ›kleines Thema‹, meint man. Monet entgegnete darauf scherzhaft: »Dann machen wir eben den Teich größer.« Und damit macht er Ernst.

So werden seine letzten Werke umfangreiche Seerosen-Gemälde. »Ich habe ein riesiges Ding angefangen … Sie haben es sicher erraten, es handelt sich um ein Projekt, das mir schon lange am Herzen liegt: Wasser, Seerosen, alles auf einer sehr großen Fläche« (1915). Ein halbes Jahr nach seinem Tode wird das größte und letzte in der Orangerie der Tuillerien in Paris eingeweiht, das nach seinen Anordnungen entstanden ist.

Was hat diesen Maler veranlasst, sich auf dieses Thema zu beschränken und es zugleich auf einem immer größeren Bildformat auszubreiten? Wir mögen es den Bildern selbst ablesen, die fortschreitend den Charakter des äußeren Raumes, der Landschaft verlieren und zum lebendigen Farbereignis werden. An der Oberfläche des Wassers, wo die Elemente des Flüssigen und der Luft sich begegnen, wo das Licht teilweise gebrochen, teilweise reflektiert wird, wo die Tiefe des dunklen Grundes der Helligkeit der Höhe begegnet, da entsteht das malerische Bild, jedes Bild, *das* Bild.

Monets Zeitgenosse Christian Morgenstern dichtet: »… und in meines Auges Feuchte spiegelt sich der Schmelz der Erde.« Zwischen der Dunkelheit in der Tiefe des Auges und dem Spiel des Lichtes auf der Oberfläche des Spiegels der Erscheinungen entsteht das Bild, übergegenständlich. Monets Nymphaea-Bilder werden immer freier, die ›Seerosen‹ schwebend-schwimmende Farbtupfer im Schwerelosen. Die abstrakten Gemälde eines Paul Klee oder Mark Rothko werden vorweggenommen.

Monet, der in der Hafenstadt Le Havre aufgewachsen ist und der sich gewünscht hat, in einer Boje auf dem Meer bestattet zu werden, äußerte mit zwanzig Jahren: »Nur durch Beobachten und Nachdenken findet man das Gesuchte.« Das blieb die Grundlage seiner impressionistischen Malerei: Das Sehen der bewegten Farbigkeit und Formenwelt ist Voraussetzung und doch nur eine Seite des Vorgangs, der Maler wie der Betrachter muss selbst schaffend im ›Nachdenken‹ den Begriff finden, das Bild vollenden. Das Bild erblüht erst in der Begegnung zwischen Wahrnehmung und Gedanke, wie die Seerose zwischen Wasser und Luft. Das Wasser ist die Sphäre bildhaften Werdens, die Luft als Seelenelement diejenige der Bestimmung und Deutung.

Der Maler wählte die Seerosen als Sujet, weil sie in der Natur dort wachsen, wo an entsprechendem Seelenort im Menschen die Bilder aus Beobachtung und Denken entstehen.

Das Medium der Offenbarung

Der Übergang vom Wasser zur Luft bedeutet für Mensch und Tier Geburt. Im Wässrigen aufgehoben, entwickelt sich das volle Leben. Seele aber bedarf eines steigenden, sich entwickelnden Bewusstseins, des Atems. Im Vorgeburtlichen, im Mutterleib, wo das Leben vom Wasser getragen wird, geschieht noch kein Erwachen, deshalb auch noch kein Wechsel zwischen den Bewusstseinszuständen Schlaf und Wachen. Dieser Wechsel charakterisiert die Seele.

Auch die religiöse Wiedergeburt geschieht, wie es im dritten Kapitel des Johannes-Evangeliums dargestellt wird (im Gespräch mit Nikodemus), »aus Wasser und Windhauch«. Gewöhnlich wird einseitig symbolisch interpretiert, dass es sich um die Wassertaufe und die Handauflegung mit der damit verbundenen Geistberührung handle, wie sie im Urchristentum und in der weiteren Geschichte des Christentums vollzogen worden sind.

Diese beiden Rituale jedoch sind erst das äußere Zeichen des eigentlichen Vorgangs der ›Neugeburt‹. Der Mensch, der auf der Erde lebt, durch die leibliche Geburt aus dem Wasser der Vorgeburtlichkeit ›übergegangen‹, erfährt eine Einweihung oder Initiation, die sich im höheren Sinne zwischen dem Wässrigen und dem Luft-Geist-Element vollzieht. Hierbei verlässt er die natürliche Ebene der materiell sichtbaren Elemente, die so, wie sie uns im Irdischen erscheinen und erfassbar sind, Äußerungen von übersinnlichen Qualitäten darstellen. Ein Maler wie Monet hat sie erfasst, er hat sich betätigt an der Schwelle von Wahrnehmung der Bilde-Möglichkeiten und dem Gedanken, der schöpferisch eingreift. Damit stand er am Anfang einer Schöpfung – wie am Urbeginn der entstehenden Welt: »… und die Erde war tohu wa bohu, und Gottes Geist brütete über dem Urgewässer (der Erde).« Auch hier geschieht Schöpfung zwischen den Werdemöglichkeiten des fruchtbaren Chaos, dem Urgewässer der Tiefe einerseits und dem Geist Gottes, den man sich wie den Windhauch (hebr. ruach – Rauch) vorgestellt hat.

Wir bleiben, indem wir dies auseinandersetzen, noch immer im Bereich des Bildhaften. Nehmen wir die Begriffe ›Lebenskraft‹, ›Fruchtbarkeitssphäre‹ für ›Wasser‹ und ›Begeisterung‹, ›schöpferische Idee‹ für ›Luft‹, ›Atem‹, so treten wir in das Innere des Menschen ein. Der Mensch wird schöpferisch, er erfährt seine Neugeburt an der Schwelle zwischen den verfügbaren Lebenskräften und der vom Geist durchdrungenen, bewegten Seele. Es ist der innere Ort geistiger Erfahrung. Denn diese Erfahrung ist nicht wie die Natur bereits gegeben, sondern sie kommt durch innere Schöpferkraft zustande, die sich über das bloß ›Eingebildete‹ erhebt. Der Mensch kann diese Neugeburt erfahren, wenn er selbstlos in sich die Bildekräfte von unten und die geistdurchdrungene Seele von oben zur Verfügung stellt – ähnlich wie es sich in der Natur an der Schwelle zwischen Luft und Natur vollzieht.

In der griechischen Sage von Odysseus werden die Lotophagen genannt, ein Volk, das sich vom Lotos nährte, der Seerose in Indien und Ägypten. Wer von dieser Speise zu sich nahm, vergaß Heimat und Freunde. Es war eine geistige Nahrung, die den, der sie aufnahm, der Erde entfremdete. Die Fahrten des Odysseus sind ein Mythos, der seelisch-geistige Erfahrungen im Bilde wiedergibt. Die Lotosblume ist in Indien eine heilige Pflanze, und sie war es auch in Ägypten, eine Erscheinung für geistige Vorgänge, wie wir sie hier dargestellt haben. Deshalb wird der Lotos im Buddhismus auch als Gegenstand der Meditation angesehen. Gleichnisweise und zugleich real kann die Lotosblume auch im Menschen erblühen.

Die Wiederkunft

Christi Wiedererscheinung wird im Neuen Testament, in den Evangelien und der Offenbarung des Johannes, angekündigt: »Siehe, er kommt in den Wolken.« Die Wolken sind der Ort seiner Offenbarung. Auch dieses mythische Wahrbild, das in der Natur erscheint, ist daraufhin zu befragen, von welchen Vorgängen und Qualitäten es spricht. Zunächst ist unmittelbar zu erkennen, wie die Wolke – ebenso wie die Seerose – ein Gegenstand, ein Ereignis zwischen Wasser und Luftreich ist.

Ein Naturvorgang, der sich zwischen den beiden Elementen abspielt, bringt die Wolken hervor. Sie bilden sich in mannigfaltigsten Formen und lassen das Licht in Erscheinung treten. Wenn die Wolke verhüllt und Schatten wirft oder zum Niederschlag tendiert, ist sie dem Wasser, dem dunklen Grund, der Erde angehörig. Steigt sie aber in die Höhe, entfaltet sich an ihr das Licht in Morgen- und Abendröte (auch der Dunst der Atmosphäre ist ›Wolke‹) oder gehört als Mittagshelligkeit dem Oben an, dem Himmel. Sie wird in der Natur zum Vermittler »zwischen oben, zwischen unten« (Goethe). Im Wolkenreich ist die Grenze, die wir an der Oberfläche eines Gewässers beobachten, in den kosmischen Gesamtzusammenhang erhoben.

Was sich im Innern des Menschen zwischen seinen freigesetzten Bildekräften, Schaffensmöglichkeiten einerseits und dem erleuchteten Seelischen andererseits ereignen kann, das tritt im gesammten Erden-Zusammenhang im Wolkenbereich auf, an jener Grenze zwischen den Lebenskräften, die vom Wässrigen durchdrungen sind, und dem von Licht und Wärme erfüllten Luftraum. Was als Geist-Ereignis beschrieben wird, das Erscheinen des Wiederkommenden in den Wolken, das entspricht der zu bildenden Fähigkeit des Schauens im Mencheninnern bei seiner Wiedergeburt sowie beim Erblühen der Seerose (des Lotos) im unmittelbaren Naturzusammenhang.

Seerose

Erschauen der Bilder – Wiederkunft in den Wolken zwischen Lebenskraft und Seele

Wasseroberfläche – objektive Sphäre bildender Kunst

Wahrtraum

Noch eine weitere Sphäre kann in diesem Zusammenhang bedacht werden: das Reich der Träume. Wenn der Mensch erwacht oder einschläft, träumt er, auch wenn ihm nur ein Teil dieser Träume im Gedächtnis bleibt.

Wenn man vom Wachbewusstsein in ein rein vegetatives Leben übergeht oder zurückkehrt, ergeben sich die Traumwahrnehmungen. Im Schlaf befindet man sich sozusagen unter Wasser, im Wachen darüber. Träume treten an der Schwelle auf.

Bei der Vielfalt des Traumgeschehens richten wir hier vor allem den Blick auf diejenigen Träume, die man vielleicht als die ›echten‹ bezeichnen kann, die einen höheren, über das eigene Bewusstsein hinausgehenden Inhalt offenbaren. Dabei handelt es sich weniger um den Traumgegenstand als um den Vorgang. Wenn sich unser Bewusstsein kurz vor oder während des Aufwachens noch nicht mit dem gegenständlichen oder begrifflichen Inhalt der Sinneswelt erfüllt hat, sondern noch von frischen Lebenskräften bewegt ist, dann kann sich im Hineingleiten der Seele etwas offenbaren, was diese Seele im Bereich der Nacht, außerhalb des Leibes, an möglichen Eindrücken – Erleuchtungen oder Verfinsterungen – aufgenommen hat.

Der Traum ist ein Künstler, von dem die übersinnlichen Inhalte, die die Seele möglicherweise mitbringt, durch Bildekräfte gestaltet werden. Der Künstler oder jeder Mensch, der schöpferisch sein will, wird versuchen, diese Sphäre bewusst zu betreten. So ist ein zum höheren Schauen erwachtes Bewusstsein in der Lage, Wachträume zu erzeugen. Damit ist kein visionäres, somnambules, ekstatisches Schwärmen gemeint, sondern die hier im Naturvorgang beschriebenen und im Seelisch-Geistigen charakterisierten zu entwickelnden Stufen. Was der Träumende im Allgemeinen unkontrolliert und meist auch zufällig und chaotisch erlebt, kann geübt und kontrolliert werden, wenn auch – bei gleichzeitiger ›naturwissenschaftlicher‹ Klarheit – nicht ohne Andacht und innere Erhebung.

Seerosen

… im Medium des Bildhaften: In ihm ist der ganze Zusammenhang der Kunst, des Schauens und der Erscheinung des Wiederkommenden zusammengefasst. Weshalb erfüllt und fasziniert die natürliche Begegnung mit den erblühenden Seerosen den Betrachter so sehr? Vielleicht weil sich all diese unmittelbar den Menschen in seiner Existenz und seiner Zukunft betreffenden Vorgänge in ihr zusammengefasst offenbaren – oder verbergen.

Holunder

Allenthalben blüht er wieder, überall im Land. Am Rande der Dörfer, in den Gärten, an den Feldscheunen wie an Bauernhöfen, am Waldrand wie an den Gräben zwischen den Feldern. Über die ganze Landschaft hin verteilt sehen wir die dunkelgrünen Büsche mit den weißen Tellerblüten, die darüber zu schweben scheinen. Das Land selbst blüht im feucht-warmen Frühsommerglanz. Über jedem warm-schwelenden Busch sprüht es auf aus den hell weiß-gelblichen Blütendolden, sich zerstäubend in seltsamen herb-süßlichen Duft und dampfend in Blütenstaub. Die Landschaft strömt über sich hinaus.

Jetzt ist der Busch voller Ahnung. Träumend kommt Erinnerung. Den Sommerzustand der Menschenseele zeigt diese Pflanze an. »Dasjenige, was da spielt beim Verlauf der Hochsommerzeit, ist ein inneres Durchwobenwerden …, ein Sulfurisiertwerden, das der Mensch in seinem physisch-ätherischen Wesen erlebt, wenn er die Sommersonne und ihre Wirkungen miterlebt … Das kann auch im Unterbewussten bleiben, weil es ein sanfter, intimer Prozess ist ... Aber ist dieser Prozess auch sanft und intim ..., so ist dieser Vorgang ... gerade von einer ungeheuren einschneidenden Bedeutung für das Geschehen im Kosmos.« (Rudolf Steiner)[21]

Und es ist, fährt Steiner fort, wie ein inneres Erleuchtetwerden, das in das Weltall hinaus erglänzt zur Johannizeit. Mit diesem Erhoben- und Erleuchtetwerden des Menschenwesens ist es möglich, vieles sonst nicht Fassbares aufzunehmen, obwohl auf diese Weise auch manche problematische Einflüsse an den Menschen herankommen. Beispiele bringen vielfach die Dichter, die Lebens- und Seelenvorgänge aus dem Menschen und aus mancher Landschaft zu fassen und zu formulieren vermögen.

Der Student Anselmus, einer, der sich in der äußeren Welt noch nicht so recht auskennt, dem Ungeschick zustößt und der von Geheimnissen umgeben ist, hat im Abendlicht auf den Elbwiesen in Dresden – so schildert es Ernst Theodor Amadeus Hoffmann in seiner Erzählung ›Der goldene Topf‹ – unterm Holunderbusch Gesichte. »Der Holunderbusch rührte sich und sprach: Du lagst in meinem Schatten, mein Duft umfloss dich, aber du verstandest mich nicht. Der Duft ist meine Sprache, wenn ihn die Liebe entzündet.« Und aus dem Erlebnis unter dem Busch entwickelt sich die ganze romantische Geschichte.

Im Traum-Wachen finden wir das Käthchen von Heilbronn in Heinrich von Kleists Drama unter einem Holunderbusch, »der eine Art von natürlicher Laube bildet, worunter von Feldsteinen, mit einer Strohmatte bedeckt, ein Sitz. An den Zweigen sieht man ein Hemdchen und ein Paar Strümpfe usw. zum Trocknen aufgehängt. Käthchen liegt und schläft.« So die Szenenbeschreibung bei Kleist.

Der Ritter, Graf vom Strahl, trifft sie in diesem entrück-

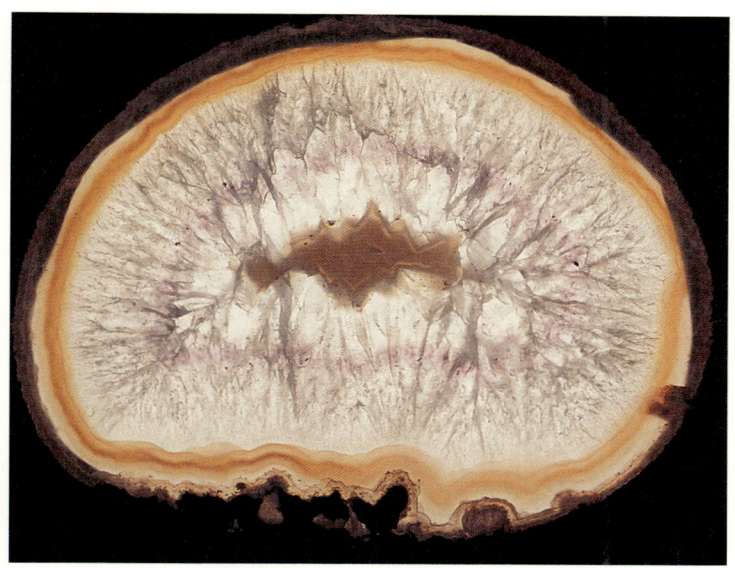

I und II. Achat (Querschnitt, Durchmesser ca. 18 cm),
Rio Grande do Sul, Brasilien

III. Caspar David Friedrich, Tetschener Altar (1807–1808),
Staatliche Kunstsammlung Dresden

IV. Marienglas, Rottleben, Thüringen

V. Amethystdruse (Breite ca. 120 cm), Rio Grande do Sul, Brasilien

VI. Berylle, Minas Gerais, Brasilien

VII. *Akanthus mollis, Samos, Griechenland*

VIII. *Säulenkapitell vom Hera-Tempel, Samos*

IX. *Ornamentstreifen aus dem Hera-Tempel, Samos*

X. Meister von Flémalle,
Die heilige Veronika,
Städelsches Kunstinstitut,
Frankfurt

XI. Passiflora, Blüte und Knospe

XII. *Philipp Otto Runge, Der kleine Morgen (1808),*
Kunsthalle Hamburg

XIII. *Blütenstände der Rosskastanie*

XIV. Goldfasan

XV. Claude Monet, Seerosen, Sorel-Monsel, Privatsammlung

XVI. Königskerze

XVII und XVIII. Muscheln (Pecten maximus), Portugal

XIX. Pyrit in Dolomit, Wallis, Schweiz

ten Traumzustand an. Warum, fragt er sich, folgt sie ihm, teils Heilige, teils Metze? Käthchen, in visionärem Zustand, schildert Vergangenheit und Zukunft und sie sieht vor sich, dass sie für ihn durch Wasser und Feuer gehen wird. »Mein Geist, vom Wunderlicht geblendet, schwankt an des Wahnsinns grausem Hang umher.« Diese Worte des Grafen vom Strahl beschreiben den Seelenzustand unter dem Holunderbusch, dem Ort der Schauung, des Spürsinns ...

Eine weitere entsprechende Schilderung stammt von Johannes Bobrowski, geboren in Tilsit, Ostpreußen. Seine Erinnerungen mischt er mit denen des Dichters Isaak Babel, der Progrome zu überstehen hatte, die in den Bildern seines Gedichts verhalten durchscheinen:

> Häuser in hölzerner Straße,
> mit Zäunen, darüber Holunder.
> Weiß gescheuert die Schwelle,
> die kleine Treppe hinab –
> Damals, weißt du,
> die Blutspur.
>
> Leute, ihr redet: Vergessen –
> Es kommen die jungen Menschen,
> ihr Lachen wie Büsche Holunders.
> Leute, es möchte der Holunder sterben
> an eurer Vergesslichkeit.
>
> *aus: Schattenland Ströme, 1960*

Der Holunder ist bei uns der größte unter den Doldenblütlern, obwohl man ihn in der botanischen Systematik nicht unter diesen eingereiht hat. Wie bei Giersch und Engelwurz, Liebstöckel, Fenchel oder Schierling – wer wollte sie alle nennen – sind seine Stengel oder verholzten Stämme hohl oder nur mit Mark versehen. Sie sind außen längs geriffelt und bilden feste Abteilungen, Knoten. Die

Blätter sind in dieser Familie alle ähnlich gegliedert, gefiedert und in der Regel aromatisch duftend. Und schließlich ist ihnen die Blütendolde, die Form der Einzelblüte wie auch die Farbe gemeinsam: weiß bis gelblich und nur manchmal etwas braunrosa. Der Habitus dieser Pflanzenarten ist so ähnlich, dass man wohl sagen darf: im Holunder wachsen die Schaumblütler (Umbelliferen) zur Busch- und Baumgröße auf.

All diese Pflanzen sind von vielen Insekten, besonders von allen möglichen Fliegen umschwärmt, aber ebenso von elementarischen Kräften: Der ›Hollerbusch‹ war bei den Häusern gern gesehen und man wagte ihn nicht wegzunehmen, denn bei ihm waren die Wesen zu Hause, die mit Frau Holle zu tun hatten, die Segen bringen. Und daher hat der ›Holder‹ seinen Namen.

Freilich bringt er schon durch seine Wärme-Blüten Segen, wenn man den aus ihnen bereiteten Saft trinkt oder den ›Flieder-Tee‹ gegen Fieber zu sich nimmt. Und bald werden dann auch die schwarzen Beeren reif mit dem eigenartig strengen Geschmack, der den Sommer mit in den Herbst und den Winter trägt.

Und noch ein Beispiel traumhafter ›Holderstimmung‹: In der Nacht bevor es Johannistag wird sitzt der Schumacher und Poet Hans Sachs vor seiner Werkstatt in Nürnberg unter einem Holunderstrauch. So stellt ihn Richard Wagner in den ›Meistersingern‹ dar. Damals nannte man den Holunder ›Deutschen Flieder‹. Hans Sachs kommt an diesem Abend, nach den merkwürdigen Erlebnissen des Tages, am Vorabend seines Namenstags, ins Sinnieren:

> Was duftet doch der Flieder
> so mild, so stark, so voll! –

Mir löst es weich die Glieder,
will, dass ich was sagen soll.
Was gilt's, was ich dir sagen kann?
Bin gar ein arm einfältig Mann!
…
Ich fühl's und kann's nicht verstehn. –
Kann's nicht behalten – doch auch nicht vergessen –
und fass' ich es ganz, kann ich's nicht messen! –
Doch wie wollt ich auch messen,
was unermesslich mir schien?

Hans Sachs fühlt einen Schicksalsvorgang, der ihm tief in
die Seele greift: das christliche Geheimnis der Resignation
gegenüber dem, der größer ist – so wie sein Namenspat-
ron Johannes der Täufer, der gegenüber Christus sagt:
»Dieser muss wachsen, ich muss abnehmen.«

Das ist das Grundmotiv der ›Meistersinger‹: Hans Sachs
hatte den Fremdling, Walter von Stolzing, der mit einem
Male aufgetaucht war, singen gehört. Und obwohl dieser
Gesang nicht den Regeln des Meistersangs entsprach, war
er doch über alle Maßen wunderbar. Wie würde nun der
Meister-Singwettstreit am Johannistage ausgehen? Eva,
des Goldschmieds Töchterlein, war als Preis ausgesetzt
und Hans Sachs hätte sie erringen können. Doch er zog vor,
zu verzichten, um »seines Freundes, des Bräutigams« willen. »Wer die Braut hat, der ist der Bräutigam« (Joh 3,29)
und Johannes, Hans Sachs, tritt zurück.

Diese positive Resignation liegt über dem Johanni-Fest
und sie liegt auch über dem Hollerbusch: Was kommen
will, kommt, wenn Natur sich zurücknimmt.

Die Dolden über den Fliedersträuchern haben sich versprüht, im Sommer-Feuer hingegeben. Wie eine Demuts-
gebärde ist es, wenn die schweren Dolden sich zur Erde
neigen, wenn die tief dunklen Beeren, rotschwarzen Tropfen gleich, nach unten hängen …

JOHANNI

Brennnessel

Ende Juni bis in den Juli hinein ist die schönste Zeit der Rosen. Aber auch die vielen anderen Blumen schmücken die Gärten und Parks: der Rittersporn, Lilien und Nelken, manche Jasmin-Büsche stehen noch in voller Blüte. Sonntags, an den Festtagen holen wir sie herein, auf den Tisch, an den Altar. Um diese Zeit Geburtstag zu haben, Hochzeit zu feiern, ist der Blumen wegen besonders schön.

Wer würde an solchen Tagen Brennnesseln überreichen? Das wäre eigentlich abwegig. Wenigstens Wildkräuter oder Wiesenblumen müssen es sein, sei es zur Verfeinerung der Speisen oder als Blumenstrauß. Aber die Brennnessel lässt man aus. Wer sollte sie in dieser Jahreszeit noch pflücken, ja berühren? Warum sprechen wir hier überhaupt von ihr?

Brennnesseln kennt jeder. Sie wachsen massenweise am Straßenrand, an den Hecken, unter den Rosen- oder Holunderbüschen, am Waldrand, am Graben. Auf den Beeten duldet man sie nicht, denn sie blühen nicht sichtbar zur Zierde. Nur an den Rändern fehlt die Brennnessel nicht, sollte sie nicht fehlen. In jedem guten Garten, am Zaun, am Komposthaufen lässt man sie stehen und man weiß warum: Sie steigert das Blühen der anderen Pflanzen, insbesondere der Rosen. Diese blühen schöner und reicher, wo in der Nähe die Brennnessel wächst, und der gute Gärtner weiß sie zu schätzen und anzuwenden und ihre Hilfe in Anspruch zu nehmen.

Nun kann man vielleicht verstehen, weshalb der Blick zur Johannizeit auch auf die unscheinbaren Brennnesseln gerichtet wird: Johannes der Täufer lebte ganz ›am Rand‹, er wollte nichts für sich. Er wollte, dass die Rosen der Menschenseelen und des Menschengeistes stärker und schöner zum Aufblühen kommen, insbesondere dass die Rose des Christus inmitten der Menschen aufleuchte.

Es gibt ein einfaches Rätsel-Sprüchlein: Rate was ich weiß, es brennt und ist nicht heiß. Als Antwort nennt man dann die Zwiebel, aber noch besser lässt sich das Rätsel mit der Brennnessel beantworten. Jeder hat das schon gespürt, wenn er ›in die Nesseln‹ geraten ist.

Die Menschen zu seiner Zeit kamen bei Johannes dem Täufer ziemlich in die Nesseln: Wenn er sprach, dann brannte es in den Seelen wie es auf der Haut brennt, wenn man Nesseln anfasst. Er sprach mit seinem Flammenwort und erweckte die Gemüter, dass sie Gewissensbisse fühlten, dass es ihnen im Herzen brannte. Man wird schnell wach, wenn man sich auf diese Weise gebrannt hat, und es brennt noch lange.

Während das flammende Wort des Täufers nichts für sich forderte, aber alles für die anderen und für Christus, erweckte es einen Selbsterkenntnis-Schmerz in den Menschen. So hören wir aus dem Evangelium, wie er am Jordan predigte und sie zur Sinneswandlung mahnte und dann getauft hat.

Bei seiner Taufe hat er nicht nur allein das Wasser angewandt. Im Wasser des Jordan fand sich auch Salz und Asche, so wie wir Salz und Asche bei der Kindertaufe mit dem Wasser verwenden. Die Taufstelle am Jordan ist ganz nahe dem Toten Meer, wo die Landschaft vom Salz durchsetzt ist, und ebenso ist in dieser Gegend die Erde aschenhaft vulkanisch, sodass das Jordanwasser nie klar ist, sondern trübe von den Schwebeteilchen der Asche dieses Bodens.

Man kann die Elemente Wasser, Salz und Asche in ihren Prozessen auch in der Bildung der Brennnessel erkennen. Sie ist von deutlichem Gepräge: Der Stängel ist vierkantig, besonders ausgeprägt an der Wurzel. Das gibt der Pflanze den Halt. Man kann die Fasern der vier Kanten des Stängels wie beim Hanf zum Weben nehmen. Im Märchen von den ›Sieben Schwänen‹ geschieht dies jedenfalls. Form- und Haltekräfte gehen von dem Wurzel-Stängelpol aus. Die Brennnesselwurzel schätzt man wegen ihrer Heilwir- kung. Im menschlichen Organismus wirkt sie wie ›Salz‹, indem sie Wäßriges sammelt und zur Ausscheidung bringt.

Dann sehen wir auf das grüne, wohlgestaltete Blatt- werk. Die Brennnesseln stehen meist im ›Busch‹, als dich- ter, feucht-atmender Verband. Sind die Pflanzen noch jung, streben die Blätter spitz nach oben, im Älterwerden runden sie sich mit ihren gut ausgebildeten Randzacken und senken sich allmählich abwärts. Sie ordnen sich wie wellige Schuppen, jedes in sich wunderbar harmonisch und fein geädert. Dort lebt das wässrig-luftige Element.

Oben aber am Stängel, von Blattachsel zu Blattachsel, sehen wir feine Fäden hängen, Blütenrispen, wie grünli- ches Gekrümel. Von dort her zerstäubt die Pflanze, sie entlässt den Blütenstaub in den Wind, so wie später auch die winzigen Samennüsschen. Die Pflanze löst sich in Asche-Staub auf. Wenn bei der älteren Pflanze der Sa- men-Asche-Prozess überwiegt, stehen die Nesseln wie ›in Lumpen‹ zottig da, das Grün wird bräunlich.

Wurzel und Stängel sind vom ›Salz‹ geformt und von Salz-
    kraft durchdrungen,
in den *Blättern* lebt die Saftigkeit, das wässrige Element,
    zu dem das Feuer des brennenden Saftes hinzukommt,
im zarten *Blüten- und Samen-*Schleier zerstäubt die Pflan-
    ze in Asche.

So erinnert die unscheinbare Pflanze an den Täufer, der in seiner Wirksamkeit mit diesen Prozessen im Bunde stand: Indem er im Jordan taufte, wirkten sie im Taufvor- gang mit.

Es gab in manchen Gegenden Legenden, die die

Brennnessel mit Johannes dem Täufer in Verbindung brachten. So sprach man davon, dass man das Haupt des Johannes zwischen Brennnesseln gefunden habe, und woanders pflückte man Büschel des Krautes, um in der Johannisnacht die bösen Geister damit zu vertreiben.

Und wer sich einmal an den Nesseln brennt, der denke daran: an Johannes den Täufer, an seine selbstlose Wirksamkeit, seine Verkündigung und Taufe.

»Lernt von den Lilien des Feldes ...«

Von dem man lernen will, dessen Sprache muss man verstehen. Und wenn sich diese Sprache nicht in Worte prägt, wird man sehen müssen, welche Zeichen, Gesten und Bewegungen das zum Ausdruck bringen, was erlernbar sein könnte. Wenn das Evangelium auf die Lilien deutet, folgt es der alten Weise, das Konkrete, das Einzelne für das Allgemeine zu nennen. Es wird sich also nicht nur um die Lilien als botanische Arten oder Familie handeln, wenn von ihnen gesprochen wird, sondern um all die Pflanzen, die immer wieder angetroffen werden und auf jedem Feld, an jedem Weg stehen könnten.

Markante, auffällige, charakteristische Gestalten erkennen wir besonders unter den zahlreichen Kräutern. Und so seien hier drei Begegnungen geschildert, die uns einiges zu lernen aufgeben. Seit das Bewusstsein geweckt ist, dass Natur leidet und zerstört wird, ist das Interesse an den einzelnen Pflanzen weniger gewachsen als die Scheu, sich mit ihnen in der Begegnung auseinanderzusetzen. Und da man geneigt ist, in Urlaubszeiten mehr und mehr exotische Gefilde aufzusuchen, bleiben die prächtigen Gestalten an den heimischen Wegrändern, den Halden und den Wäldern fast unbemerkt.

Königskerze (Verbascum)

Auf erhitzter Halde, schmächtiges Gras ist schon ermattet, erheben sich feierlich, einzeln oder in losen Gruppen, die Leuchter mit ihren zahlreichen gelben Blüten ringsum (Farbtafel XVI). Stolz und wirklich kerzengerade stehen sie, gekleidet in silbrigweißen, mattgrünen Pelz, wahrhaft königlich. Selbst wenn der Hochsommertag schwül wird und sich schließlich ein Gewitter entlädt, schwanken sie kaum und knicken nicht ab. Denn sie haben sich tief im steinigen Grund verwurzelt.

Wenn man danach sucht, entdeckt man am Boden zwischen den herrlichen Leuchtern große filzüberzogene Blattrosetten. Das sind Pflanzen im ersten Jahr, die ihre starken Wurzeln bilden, tief in die Erde hinein, um im kommenden Sommer sich mit solcher Macht zu erheben, dass sie das Feld beherrschen.

Treten wir näher heran. Keiner wird die Königskerze zu pflücken versuchen. Mit ihrem Stamm steht sie fest und bis zu mannshoch aufgerichtet. Am Boden umgeben große, einfache oval-spitze samtige Blätter die Achse, weiter hinauf werden sie kleiner und weisen steil nach oben. Wo der Blütenstand beginnt, sind sie nach und nach, bis auf Schuppen und kleine Hüllen für die Blüten, zurückgenommen.

Aus rundlichen, eng stehenden, weichen Knospen öffnen sich die rundblättrigen Blüten, in hell-goldenem Gelb, eine verwachsene Blütenkrone, in der Senkrechten axialsymmetrisch ausgeglichen, aber oben und unten deutlich verschieden. Jede Blüte blüht nur ihren einen Tag, was in der Sommerhitze nicht verwunderlich ist. Denn während die Blätter und der starke Stamm durch dichten Pelz vor dem Austrocknen geschützt sind, geben sich die goldenen Blütenfahnen ungeschützt der Sonnenwärme hin. Manchmal scheint es auch, als ob das Sonnenfeuer die Kerzen angezündet habe.

Man fühlt es eigentlich als Beleidigung der Königin gegenüber, wenn man ihr die Blüten nimmt, aber man tut es, weil diese so viel Sonnenwärme verdichten, dass sie medizinisch wirksam sind: Man bereitet aus ihnen einen Tee gegen Husten und Erkältung. Nimmt man ihr heute die Blüten, schon morgen öffnen sich neue am Stand.

Es gibt verschiedene Arten von Königskerzen. Manche verzweigen sich und stehen dann wie herrliche Kandelaber im Brachland auf sommerlich heißer Halde. Der Botaniker Alfred Usteri, der 1927 seine ›Pflanzensammlung‹ herausgegeben hat, schreibt: »Die Pflanzen sind Siegelabdrücke menschlicher Eigenschaften, Denkmäler erreichter Entwicklungsstufen.« Diese aber zu entschlüsseln, scheint uns immer weniger zu gelingen. Mythen, in denen eine Pflanze einer bestimmten Gestalt beigesellt wird, Gebräuche, in denen sie Verwendung fand, sind verschwommen überliefert und bleiben rätselhaft. Allegorien und bloße Ähnlichkeiten oder Parallelitäten gehen ins offene Feld schöner Vermutungen. So bleibt uns übrig, selbst anzuschauen, zu fragen und wieder hinzusehen. Wenn es so ist, dass wir dem, was wir mit Hingabe und Interesse anschauen, bewusst oder unbewusst ähnlich werden, dann müssten wir – ihr entsprechend der Aussage des Botanikers Usteri – in uns selbst nachspüren können.

Und wer könnte sich dem Eindruck entziehen, den, auch mit ihrem Namen verbunden, die Königskerze in uns bewirkt? Wer fühlte nicht die dominante Feierlichkeit, ihr aufrechtes Prangen, das Glänzende ihrer Erscheinung? »Solange ihr das Licht habt, schließt euer Herz dem Licht auf, damit ihr Söhne des Lichtes werdet«, kann nach dem Johannesevangelium (12,36) ihr Ruf sein. So werden wir angerührt. Der Heilwirkung der Blüten und etwa auch der des Krautes entspricht das ›Zeichen‹, das uns ihre Erscheinung in die Seele einschreibt und das wir aus dem Hochsommer in uns weitertragen, wenn Herbst und Winter kommen.

Nachtkerze (Oenothera)

Im Juli oder August, abends, nach Sonnenuntergang: Ein milder, kühler Abendwind folgt dem heißen Sommertag und atmet durch die Hecken, über die fahlen Wiesen, durch die Blumenbeete. Der Himmel ist klar. Noch sind alle Farben ringsum vorhanden, nur im Wald dunkelt es schon. Im Blumengarten oder über der Steinhalde regt sich etwas – sehr leise, doch deutlich hörbar, langsam und zögernd zunächst, dann aber Zug um Zug, ruckartig: Blüten tun sich auf.

Muss es demjenigen, der das liest, nicht sehr unwahrscheinlich vorkommen: Dunkelwerden – Blüten öffnen sich – und das auch noch hörbar?

Kommen wir am frühen Morgen wieder an den kahlen Ort oder an denselben Blumengärten vorbei, fallen uns die hellen, schwefelgelb leuchtenden Blüten in großer Zahl auf. Sie glänzen an den ›Unkraut‹-Kerzen, den aufragenden, struppig-kräftigen Stängeln, die schon eine strotzende Last grüner Stoppeln tragen, Kapseln, in denen die Samen reifen.

Diese Fruchtstände sind spiralig hinauf angeordnet, von kurzen, spitzen Blättern getragen. Aber oben, wie bei Fackeln die Flammen, flattern die schwefelgelben Fähnchen mit jeweils vier Schmetterlingsflügeln, Zitronenfaltern ähnlich, doch an die Pflanze gebunden. Schon im Lauf des Vormittags ermatten sie. Unordentlich sehen wir sie darum auch von den schlaffen verwelkten Blütenständen der vorigen Abende und Nächte flankiert.

Und das ist es: der Abende und Nächte. Es ist die Nachtkerze, die im Gegensatz zu allen unseren anderen einheimischen Blumen erst am Abend, kurz nach Sonnenuntergang, ihre Blüten entfaltet. Und das geht so: An der Spitze der Kerze steht eine dichte Gruppe von ›Pfeilspitzen‹ bereit. Die äußeren schwellen von einem Tag zum anderen an, färben sich rötlich, wie von Lebenslust und Aufblüh-Vorfreude erfüllt. Diese langen, spitzen Knospen zeigen im Wachstum immer deutlicher ihre vier ›Nähte‹, d.h. die Grenzen zwischen den Kelchblättern. Jeden Abend kommen nun einige, die am Rand des Wipfels stehen, ›zum Einsatz‹. Die dicksten Knospen sind den Tag über im Sonnenlicht so prall geworden, dass die Nähte zwischen den spitzen Hüllen schon da und dort am Grunde platzen.

Vor Sonnenuntergang tut sich nichts. Dann aber reißt plötzlich eine Naht auf. Der erste Rand eines frischen, hellgelben Blattes springt heraus. Voller Erwartung spannt sich die Knospe weiter, wie wenn sie leise atmen würde. Schließlich ist es soweit: Ein vorsichtig tastendes Rucken, Ticken oder Rascheln – die Pfeilspitze der Kelchhülle reißt einseitig auf und gibt das leuchtende Blütenblatt frei, das aber noch, am anderen Rand, mit den verborgenen Blättern verrollt bleibt. Doch dann drängt die schwellende Fülle der Blütenblätter den Kelch nach der Seite, so weit, dass mit leisem Geräusch die weiteren Fähnchen herausflattern. Die Kelchzipfel stülpen sich zurück, die Blüte ist frei: ein halb offener, quirliger Trichter. Wie ein Windrädchen halten sich die zarten Blätter noch aneinander und auch am Stempel fest. Neugeboren, noch etwas zerknittert, wie ein Kind unmittelbar nach der Geburt. Noch einige Atemzüge im Abendwind, dann, zusehends, ist sie da.

Dieser Vorgang der Geburt, der Entfaltung aus der Knospe bis zur offenen Blüte dauert ungefähr fünf bis

Abb. 14. Nachtkerze (Oenothera).

acht Minuten ... Und schon stürzt sich in die weite Öffnung des flachen Kelches der Nachtfalter, der Dickkopf, der Schwärmer, mit schwirrendem Flügelschlag, stürzt sich in den Blütenstaub, der an acht zarten Fühlern im Zentrum des Kelches schon bereitet ist.

Unterdessen – auch Nachbarblüten sind aufgesprungen und überall leuchtet es in der Dämmerung – ist der Abend tiefer herabgesunken. Verblasst sind die Farben. Das letzte, was sich noch abhebt, sind die hellen, offenen Nachtkerzenblüten. Kommt der Mond herauf, sind sie ihm ganz aufgetan. So wie er das Sonnenlicht spiegelt, so geben sie von der Erde aus wieder, was ihre Knospen den Tag über in sich aufgenommen und mit wachsender Spannung in sich gestaut haben.

Das ist ein seltsames Einschlafen: am Tag konzentriert, pfeilspitz, lustig-rötlich, die Lanzenknospen. Solange die Sonne scheint, warten sie mit wachsender innerer Spannung auf den Augenblick, wo sie loslassen und dem Tageslicht hingebungsvoll in die Nacht hinein antworten können.

Die Nachtkerzenpflanze ist gründlich erforscht worden. Erst Anfang des 17. Jahrhunderts wurde sie von Virginia in Nordamerika nach Europa gebracht. Ihre Samen waren in der Erde, die die Baumwollschiffe als Ballast mitnahmen. Seitdem hat sie sich als Unkraut weit verbreitet, ist aber auch in den letzten Jahrzehnten zur Gartenblume geworden.

Aus den Samen der Nachtkerze gewinnt man ein Öl, das besonders reich an sogenannten essenziellen Fettsäuren ist. Solche Stoffe sieht man als die wirksamen Kräfte an, die chemisch-physiologisch Heilung bei ganz bestimmten Krankheitssymptomen herbeiführen. Besonders erfolgreich ist das Öl der Samen gegen das prämenstruelle Syndrom angewendet worden. Starke Spannungen und Schmerzen, an denen Frauen vor dem Einsetzen der

Periode leiden, physische wie psychische Symptome, können wirkungsvoll behandelt werden.

Nachtkerzenöl vermag also zu helfen; man macht die darin enthaltene Gammalinolensäure verantwortlich. Warum aber hilft gerade sie, und warum entwickelt sich gerade im Pflanzenorganismus der Nachtkerze dieses Öl?

Verständlicher und erlebbar wird der Zusammenhang beim Betrachten des abendlichen Aufblühens der Oenothera-Blüten: das Anschwellen, die Spannung, die rötliche Färbung, die aufgespeicherte Sonnenwärme und dann im Wirkungsbereich der anbrechenden Nacht das plötzliche Öffnen. So wie die Nachtkerze dem Tageskreislauf mit ihren physiologischen Abläufen eingeordnet ist, so ist der weibliche menschliche Organismus der Periode der Mondphasen angenähert, zwar nicht direkt, jedoch mit der gleichen regelmäßigen Wiederkehr.

Man hat festgestellt, dass das Nachtkerzenöl das Blut verflüssigt, seine Gerinnung vermindert, also auch gegen Thrombose helfen kann. Auch hierbei sieht man einen Zusammenhang mit der lösenden Kraft nach der Spannung und Ballung in der Knospe vor ihrem Aufspringen. Entsprechend findet man noch weitere pharmazeutische Anwendungsgebiete dieser Heilpflanze: bei Asthma, rheumatischer Arthritis und zur Behandlung überaktiver Kinder.

In der Nachtkerze verdichtet sich von der Natur her ein Kräftepotential, das ganz bestimmten Vorgängen in der Menschennatur entspricht und auf diese Weise Heilkraft spendet.

Wie oft haben wir als Kinder an Sommerabenden draußen im Garten gesessen und das seltsame Schauspiel der Blütenentfaltung in der Dämmerung immer wieder gespannt beobachtet. So konnten wir den Zeitpunkt des Zubettgehens hinauszögern und trugen das Bild beim Einschlafen in uns. Wir wussten nichts von der Heilpflanze, aber ahnend gab uns ihr Bild etwas mit: aus der wachen, zugespitzten Konzentration und Spannung sich einschlafend lösen, sich hingebungsvoll öffnend, erblühend, und bereit sein.

Johanniskraut (Hypericum perforatum)

Wiederum am kargen Wegrand vielblütig goldgelb blühend von der Sommersonnenwende bis Ende August, vom Geburtstag Johannes des Täufers (24. Juni) bis zu seinem Todestag (28. August), das Kraut, das seinen Namen trägt: Johanniskraut.

Die Pflanze, die anfangs, wenn sie emporwächst, weich und krautig ist, wird zunehmend von Licht und Wärme durchzogen, wird strahlig und struppig, trocken und hart. Allein die Blüten vermehren sich und sammeln in der Glut der Sommertage ihr heilkräftiges Öl. Mit bloßen Fingern kann man es aus ihren Knospen pressen: Es zeigt sich ein purpurner Ölfleck, der an das Blut erinnern soll, das der Täufer opfernd vergießen musste, als er im Dienst des Weltenlichtes starb.

Hartheu nennt man andernorts die Pflanze auch, die in der feurigen Hitze des Sommers trocken und spirrig wird. Auch hierin kann sie dem Täufer gleichen, der in der Wüste hager und streng geworden ist, immer stärker aber von innerer Glut ergriffen. Und die Blätter des Krautes, hält man sie gegen das Licht, sehen aus, als ob sie durchlöchert wären (perforatum), erinnernd an die Geißelhiebe, die Johannes an seinem Leib erduldet hat.

Hypericum perforatum ist geradezu Mode geworden. Zahlreiche Firmen bieten Präparate in Form von Kapseln und Tabletten an, die den Extrakt des Krautes und des roten Öls enthalten. Hilfreich ist es bei Ängsten, depressiver Verstimmung, nervöser Erschöpfung oder klimakterischen Depressionen. Doch wirken all diese Präparate

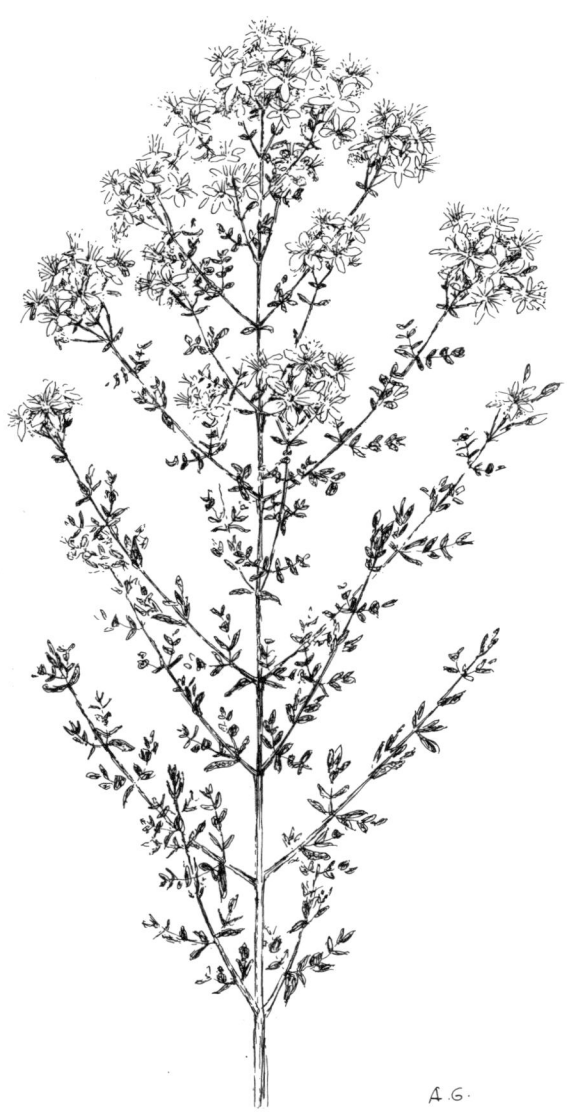

*Abb. 15. Johanniskraut (Hypericum perforatum),
an einem trockenen Standort.*

auch lichtsensibilisierend. Die Haut wird empfindlicher gegenüber der Sonneneinstrahlung, wodurch es zu Sonnenbrand und Hautentzündungen kommen kann.

Wenn davon gesprochen wird, das Hypericin in diesem Kraut wäre der wirksame Stoff, so ist das nicht anders, als wenn man behaupten würde, im Schlaf erhole man sich durch einen Stoff, der ›Schlafin‹ zu nennen wäre.

Überzeugender ist, dass sich in den Blüten und oberen Sprossen der sommerliche Wärmeäther verdichtet, der dem Menschen hilfreich sein kann, wenn er in den dunklen Jahreszeiten das Licht und die Wärme entbehrt und deshalb auch seelisch verdunkelt. So wie eine milde Wärme löst und entspannt, kann das Öl des Johanniskrautes Nervosität mildernd auflösen und besänftigen. Auch bei Nervenentzündungen wird es angewandt, wenn gegen Überreizung vorgegangen werden soll.

Wir rühmen den Saft der Pflanze, doch ihre sonnenstrahlige Schönheit haben wir noch nicht bemerkt. In der Mitte der fünf lanzettförmigen Blütenblätter entspringt ein reiches Bündelchen strahlenartiger Staubgefäße. Blickt man von oben auf den ganzen Staudenspross hinunter, entdeckt man die klare Geometrie des Kreuzes: Alle Blätter stehen von Stufe zu Stufe rechtwinklig übereinander, auch die Seitensprossen kreuzen sich in derselben Weise .

Kreuz und Blut durchdringen sich: Träger einer heiligheilenden Qualität ist diese Pflanze, einer Qualität, die in Johannes dem Täufer Mensch geworden ist und weiter durch alle Zeiten wirken kann.

Die ›Löwengrube‹

Dass der Prophet Daniel in die Löwengrube geworfen wurde, um dort einen grausamen Tod zu erleiden, und wie er durch seinen mutig-sanften Gesang die wilden Bestien bezwungen hat, kennen wir aus dem Alten Testament. Mag dies nun Mythos oder Geschichte sein, weniger bekannt ist, dass es auch heute noch zahlreiche ›Löwengruben‹ gibt und dass darin noch immer wilde Raubtiere leben. Doch diese Gruben sind merkwürdig klein, und es fallen auch keine Propheten mehr hinein, wohl aber Insekten, denen es das Leben kostet.

Im trockenen Heidesand sehen wir die Trichter, weniger als einen kleinen Finger tief und ebenso im Durchmesser. Am Fuß der gewaltigen Felstürme und -wände des Elbsandsteingebirges etwa finden wir sie, besonders dort, wo nur selten oder kein Regen hinkommt. Die Böschung des Trichters hat einen bestimmten Neigungswinkel, der durch die Eigenschaften des trockenen, feinkörnigen Sandes zustande kommt, der leicht herabrieselt. Unten in der Trichtermitte hält sich ein kleines Raubtier unter dem Sand verborgen. Ein seltsamer ›Löwe‹ lauert dort, die Larve der libellenartigen Ameisenjungfer: Es ist der ›Ameisenlöwe‹.

Gerät nun eine vorüberkrabbelnde Ameise an den Rand einer solchen Grube, so rutscht sie, je heftiger sie sich bewegt, desto rascher, an der schrägen Trichter-Böschung immer tiefer hinab, zur Mitte hin. Sie mag sich noch so sehr anstrengen, der feine Sand gibt unter ihren Ameisenbeinen nach. Und mit einem Mal, man kann kaum erkennen von wo, werden kleine Ladungen Sand geschleudert, wie mit kleinen Schäufelchen. Das verborgene Raubtier in der Mitte, am Grunde des Sandtrichters, wirft sie geschickt in die Richtung der sich abmühenden

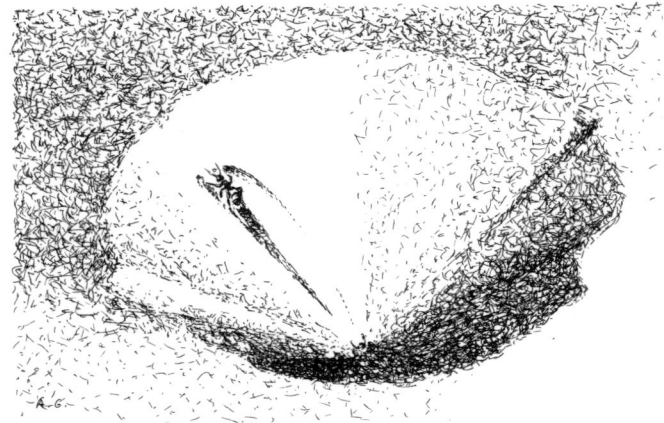

Abb. 16. Sandtrichter, in dem eine Ameise vergeblich zu entfliehen bemüht ist und vom kaum sichtbaren Ameisenlöwen mit Sand beworfen wird. Der Durchmesser des Trichters beträgt ca. 6 bis 8 cm.

Ameise. Die rutscht abwärts, wenn für das Raubtier alles planmäßig verläuft, und kann schließlich von den Zangen des kleinen Ungeheuers gepackt und ausgesaugt werden. Die Reste schleudert der Räuber danach aus der traurigen Ameisenfalle hinaus. Zwar kommen nicht oft Ameisen vorbei, doch das Tierchen unten im Trichter hat durchaus Geduld und bedarf für sein kurzes Larvenleben vom Herbst bis zum Sommer des nächsten Jahres nur weniger Ameisen oder anderer kleiner Insekten.

Der Ameisenlöwe ist ein graues Krebschen, einer Kellerassel ähnlich, kaum so groß wie der Fingernagel eines kleinen Fingers. Es hat die merkwürdige Fähigkeit, sich die Falle zu graben und vom Trichtergrund aus mit seinem Kopf Sand zu schleudern. Dabei ist es ganz den Eigenschaften des trockenen Sandes angepasst und kann ihn als sein Werkzeug benutzen.

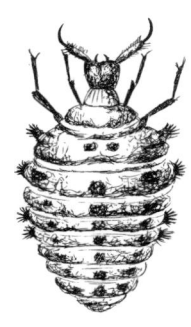

Abb. 17. Ameisenlöwe, die Larve der Ameisenjungfer, stark vergrößert, Länge ca. 6 bis 8 mm.

Selten finden wir im Tierreich, dass sich ein Tier eines Werkzeugs bedienen kann. Zunächst vermutet man, dass diese Fähigkeit nur der menschlichen Intelligenz vorbehalten sei. Nur wenige Beispiele sind aus dem Tierreich bekannt: Bestimmte Affen können Steine und Stöcke verwenden, eine Vogelart hebelt mit kleinen Ästchen ihre Würmchen-Nahrung aus den Wurmlöchern, und es gibt Fischotter, die einen Stein bei sich tragen, mit dem sie die Schalen der gefangenen Krebse aufschlagen.

Der Ameisenlöwe ist das kleinste, in gewisser Weise das niederste Tier unter denjenigen, die körperfremde Instrumente anwenden. Eine besondere Intelligenz tritt hier auf, die über den kleinen tierischen Organismus hinausgreift und sich den Sand – wie wir uns unsere Werkzeuge – zu Diensten macht.

Gewiss wurden naturwissenschaftliche Theorien gebildet, die erklären sollen, wie solche Fähigkeiten zustande kommen. Eine Kette von Zufälligkeiten kommt kaum in Betracht. Es müssten mehrere Schritte der Entwicklung aufeinander abgestimmt sein, bis sich solches Können entwickelt, und zufällige Mutationen, Veränderungen der Erbanlage, können nicht die vorangegangenen konsequent fortgesetzt haben.

Wer ist nun der Lehrmeister solcher raffinierter Geschicklichkeit, wenn es der Zufall nicht sein kann? Welche besondere Insekten-Intelligenz, wie sie in den Spinnennetzen, im geregelten Leben der Termiten und Bienen, der Libellen und Käfer in außerordentlicher Vielfalt zu finden ist, wirkt auf die Larve, den Ameisenlöwen, ein?

Was das Tierchen kann, ergibt sich ganz aus dem trockenen und wärmeartigen Milieu. Von diesem ist es ebenso abhängig wie von der Beute, den Ameisen. Die Landschaft kommt noch hinzu, in der das Tier zu Hause ist, der Quarzsand von bestimmter Feinheit. Alle diese Elemente spielen zusammen, wodurch eine einseitige Spezialisierung und Instrumentalisierung möglich wird.

Suchen wir nach einer Bezeichnung für diesen Zusammenhang, müssen wir uns vor Missverständnissen hüten. Lebendige Intelligenz, Wesenhaftes gestaltet in der Natur, durchaus differenziert in ihren verschiedenen Bereichen. Wir mögen sie, alter Bezeichnung folgend, Salamander, Feuergeister nennen, ohne damit nun mehr zu wissen als zuvor. Und doch müssen wir nicht mehr den Zufall bemühen, wenn wir um eine Erklärung verlegen sind, und können etwas Wesenhaftes voraussetzen, was hier in bestimmter Weise am Werke ist – und noch zu wenig erforscht.

In einem trockenen ›Wüstenklima‹, sowohl äußerer wie innerer Art, scheint sich solche instrumentalisierende Intelligenz wesenhaft gestalten zu können. In der kleinen Larve sitzt ein raffinierter Ingenieur, der – man hat den Eindruck – Spaß am Funktionieren seines Fallensystems hat.

»Honig aus des Löwen Munde«

Manche Tiere, als das wichtigste davon vielleicht der Löwe, haben für uns in Mitteleuropa als zoologische Spezies kaum eine Bedeutung, wohl aber als Inbegriff eines bestimmten Wesens. Obwohl wir dem Löwen in unserer natürlichen Umgebung nie begegnet sind, ist er uns gut bekannt, und wir haben ihn im Zoo, im Zirkus, im Fernsehen gesehen, noch öfter aber haben wir ihn als Standbild, vor Portalen, zu Füßen von Monumenten, in der Heraldik und der Werbung angetroffen.

Der Löwe gilt nach wie vor als der König der Tiere und als das Raubtier schlechthin, obwohl wir über das Leben von Wölfen und Bären, Füchsen und Hyänen ebenso viel Interessantes erfahren können. Er bleibt für uns ein Mythos, ein Bild, das uns von Kindheitstagen an vertraut ist.

Dass der Löwe diese Bedeutung auch in früheren Zeiten hatte und nicht nur uns, sondern alle Völker lange schon begleitet, zeigen uns die unterschiedlichsten Überlieferungen. Besonders wenn von Heroen die Rede ist, die Prüfungen zu bestehen hatten, erscheint das Bild des Löwen: bei Herakles, Simson, Daniel. Aber nicht nur für diese Helden, auch für andere mythische Gestalten wird der Löwe zur Prüfung, ob nun im Märchen oder in einer mystischen Schrift wie der ›Chymischen Hochzeit des Christian Rosenkreuz‹.

Johann Sebastian Bach hat für eine Kantate in Anknüpfung an den Simson-Mythos den Text gewählt: »Komm, du süße Todesstunde, da mein Geist Honig speist aus des Löwen Munde.«

Damit wird uns deutlich, dass der in Löwe im christlichen Bewusstsein wie in einer inneren, ungeschriebenen Geschichte gegenwärtig ist – einmal im Sinne von Gefahr,

Prüfung, Verwandlung und Tod, andererseits aber auch als Symbol der Macht und der Herrschaft (Heraldik).

Gehen wir dem mythologischen Zusammenhang weiter nach: Herakles ist der Erste unter den Helden, die das Raubtier überwunden haben. Er hat den nemeischen Löwen bezwungen und wird deshalb meist mit dem Löwenfell bekleidet dargestellt. Uns bleibt zunächst der Eindruck, dass ihm, der von einem Gott abstammt, übernatürliche Kräfte zur Verfügung standen.

Bei Simson im Alten Testament nimmt der Mythos eine andere Wendung. Dieser überwindet den Löwen im Stillen, gleichsam nebenbei: »... und er zerriss ihn, wie man ein Böcklein zerreißt, und hatte doch gar nichts in einer Hand«, als er mit seinen Eltern zu den Philistern geht, um seine Braut zu freien (Richter 14,5). Auf dem Rückweg findet er im Brustkorb des überwundenen Tieres den Honig wilder Bienen. Aus diesem geheimnisvollen Vorgang bildet Simson das Rätsel, das er den Philistern aufgibt: »Speise ging von dem Fresser und Süßigkeit (Sanftheit) von dem Starken aus.«

Später wird im Alten Testament noch einmal von der Überwindung des Löwen berichtet. Daniel ist es, der, in die Löwengrube geworfen, durch seinen Gesang die Wildheit verwandelt, sodass diejenigen, die ihm Tod bringen sollten, sanft zu seinen Füßen liegen. Und ein weiteres Mal tritt der Mythos vom überwundenen Löwen in der urchristlichen Legende von Androklus auf. Dieser zieht in seinem großen Mitleid dem Löwen den Dorn aus der Pfote. Als er später in Rom der Bestie vorgeworfen wird, erkennt ihn der Löwe wieder und verschont ihn. Androklus hat den Löwen überwunden, indem er ihm den ›Stachel‹ genommen hat.

In der Offenbarung des Johannes wird das Motiv vom Löwen an zentraler Stelle aufgegriffen: Der »Löwe aus

Abb. 18. Simson ringt mit dem Löwen, unten der Bienenschwarm aus dem Brustkorb, Domitilla-Katakombe unter der Via Latina, Rom.

dem Stamme Juda« ist auf dem Thron der Gottheit zugleich »das Lamm, das bereits geopfert wurde«. Er wird zum Lamm, das in der Lage ist, die sieben Siegel des Buches zu lösen (Offb 5).

Wir sehen Johannes den Täufer ebenfalls im Zusammenhang mit dem Mythos von der Verwandlung des Löwen stehen. Zunächst schließt die Verkündigung seiner Geburt in wesentlichen Zügen an die Verkündigung des Simson an (Richter 13,3 bzw. Lk 1,11). Später wird von Johannes gesagt, er habe sich vom Honig wilder Bienen ernährt. Wenn ein solches Detail berichtet wird, so möchte dies auf etwas hinweisen: Johannes hat den Löwen schon überwunden. Und schließlich verweist er auf Jesus Christus als »Lamm Gottes«. Johannes der Täufer wird im Mittelalter stets zusammen mit dem Lamm dargestellt. Die Verwandlung geschieht hier indirekt, der Mythos von der mystischen Verwandlung des Löwen zum Lamm schimmert hindurch: Wildheit wird sanft, das Fressende geopfert.

Der Löwe gehört zu den höchsten Wesenheiten, die sowohl beim Propheten Hesekiel wie auch in der Offenbarung des Johannes unmittelbar im Zentrum des Daseins, am Thron Gottes, im Bild erscheinen. Die offenbar von dort ausgehenden Weltenkräfte werden in der Mitte des Menschen, im Herzen lokalisiert. Wie der Löwe im Tierreich die Mitte, das Königtum darstellt, ist das Zentrum des Menschen, der König seines Lebens, das Herz. Aber zunächst ist das Herz noch ›wild‹, emotional, von ›herzlicher‹ Leidenschaft, von Sympathie und Antipathie erfüllt. Werden diese Urkräfte verwandelt und besänftigt, dann kann aus dem Löwen das Lamm werden, indem es sich opfert, in steter Hingabe begriffen (»als wäre es bereits geopfert worden«; Offb 5).

Das Herz ist zunächst das ›Raubtier‹ im natürlichen Egoismus seiner Liebe. Wird ihm aber der ›Stachel‹ des Egoismus herausgezogen, so kann ›Speise‹ von dem ausgehen, der vorher verspeist hat, und Sanftheit geht vom Herzen aus, das seine Königsmacht hingegeben hat.

So löst sich das Rätsel vom verwandelten Löwen, so erklärt sich der Mythos von seiner Überwindung, den Prüfungen, die jedem Menschen in seinem Leben gestellt werden. Und die Todesstunde ist die letzte dieser Prüfungen, die uns zu verschlingen droht und die durch das Opfer des Lammes verwandelt werden kann, auf dass Sanftheit und ›Süße‹ erlebt werden mögen.

Mit einer Muschel

Pecten maximus*

I. An eine Muschelschale

Aufwölbend, sich hinschütten am Ufersand
mit dem Salz unendlicher Tränen
Weltmeer,
Ja zu sagen zu Leid und Belastung
im Rhythmus Erde
und vergänglichem Glitzern des Mondes,
bist du aufgetaucht, unversehens,
nach dem Tode,
Spiel im Spritzschaum
und Schwung überzähliger Schalen,
wie Morgenrot, unberührt,
heitere Tröstung:
Wink der Palmette, ein Siegel-
Zeichen von Woge und Licht,
zu unaufhörlicher Andacht.

II. Lebenszeichen

Zur Welt gekommen
mit Sonnenaufgang,
eingeprägt
in den Stoff des Todes:
Kalk, Knochen
und Kaolin.
Um welligen Schalenrand
Ring um Ring gezogen
in der Traummelodie
des Meeres.

* siehe Farbtafel XVII und XVIII

Anflug von Demut
und Liebe:
Leben.
Ja.
Im Tod.

III. *Aphrodite*

Aphrodite, Apoll
weckt zur Geburt dich,
Klarheit brüderlich,
und Gestalt
dir bietend
an der Küste von Delos
mit der Nacht des Pluto
und rasenden Tänzen Dionys' –
versöhnt zwischen
Nächtens und Morgen.
die ›rosenfingrige Eos‹
berührt dich,
die Zarte,
haucht Leben dir an,
das schon verflogen
zwischen Samos und Peloponnes
aufschimmernd,
errötend im Lächeln
und Lockenkräuseln
am Rande herab.
Meeresrauschen-Geborene
zwischen Tiefe und Licht.
Charis in Händen
Gnade und Anmut
Aphrodite.

IV. Nur Natur?

›Zu fressen und gefressen werden‹
sei das Lebensgesetz der Natur:
Stoffwechsel, Aufbau aus
fortwährend sinnlos erhaltner Zerstörung.
Atmet deshalb die See,
spielen versonnen
und kühl
die Wellen,
Brandung am Strand,
versickern ermattend im Sand,
werfen Schönheit und Zauber
reichlich zu Füßen?

Himmelsschrift,
Zeichnung
an den Rändern der Erde,
Schmuck von Perlmutt
an allen Busen der Meere
Halsketten
ungeheurer Kontinente.
Geometrie aus Licht,
Girlandenschwünge,
Freunde und Spiel
unendlicher Hingabe.

V. Polaritäten

Und wenn der Strand
wieder einmal entblößt
von allen Schleiern der See
daliegt
auf der Sandhaut
seiner glänzenden Schenkel

Zeichen eingeschrieben,
wie bei Königen einst
die Namen standen,
verworren hier aber
die Buchstaben
verborgener Kunde.
In langen Müßiggängen
entlang dem Meersaum
Sinn und Zusammenhang
suchend,
zeigt sich Gegenspiel an:
Pecte maximus,
vollendet auch schon im Kleinen,
den flachen Teller einerseits
mit Strahlenzeichen versehen,
die Muschelwölbung darüber
im Gegen-Teil
beide durchaus gegensätzlich,
doch ganz aufeinander bezogen,
zeigen im Strahlenkranz
rings in die Weite,
gebunden im Knoten jedoch,
der sie vereint.
Oben enden sie rund
und unten tragen sie Ecken.
Und von der Seite gesehen
scheint Wellenlauf sie zu formen:
sanft aufsteigend und
einrollend hinab.
So harmonisch vollendet
in Einheit
Gegensatz.
Geht nun die Flut
wieder dahin
rasch verhüllt sie

das Nackte.
Schwall von Wogen
im Traum
schwankt sie verloren
unerkannt
im Überfluss
Form und Gegenform.

VI. Pilgerschaft

Wandermüd
an den Ufern des Meeres
Santiago de Compostela
Peregrinatio
Fremdling auf der Erde.
Zwischen Wasser und Land
unterwegs,
angesprochen vom Wind,
der die Seele bewegt
und ihr Muscheln
zuhauf auf den Weg legt:
Aufblick zur Weite
und zu sich selbst
unterwegs sein,
im Schloss sich finden,
bedeutet das Zeichen am Hut.
Genüge von allem:
der Weg ist das Leben,
Traum und Wachen
zugleich.

VII. Moluskel

Moluskel, im Sandschlamm
begraben.
Öffnen und Schließen,
Zug und Druck
Atem im Schwebenden,
schlingend Webenden
Ebbe und Flut.

Zunge leckt
unter der Riffelwölbung
des Gaumens.
Schmeckendes Saugen
im Schlaf an der Brust
der Mutter Tiefe,
noch vor der Kindheit.
Erwachen ist Sterben
nach oben fallen
ans Licht.
Aussage
Sein,
nicht rücknehmbar.

VIII. Schwarze Muschel

Konstruktion
von Rippen und Wölbung
statische Kannelierung
mit geringstem Materialaufwand.
Aufblick zum Schattenlid
aus dem Abgrund Liebe
und Unerbittlichkeit:
Prüfung der eigenen Taten,
Worte, Gedanken:
Standhalten in Brandung
und der Anmut des Morgens

wie dem Druck
und der Strömung
zuverlässig,
dennoch wie Spiel,
tragfähig
und heiter.

Moncarapacho, Algarve, 1992

Blumenpflücken

Wir waren mit Jugendlichen unterwegs. Die Wanderung ging durch frühsommerliche Landschaft. Auf den Feldern wuchs es in Fülle, die Wiesen waren wegen der vergangenen kühlen und feuchten Wochen noch nicht gemäht worden und standen ganz in Blüte mit all den vielen Wiesenblumen, den Margeriten, dem rotem Klee, den Glockenblumen und Skabiosen, dem hellgrün-gelben Klappertopf und, an feuchten Stellen, dem Wiesenknöterich. Ich vermied jegliche Belehrung, doch dann und wann ergab es sich, an einer Stelle stille zu stehen, die Schmetterlinge zu beobachten und diesen oder jenen Namen zu nennen.

Aber was bedeuten schon Namen? Vielleicht ein kleiner erster Anhaltspunkt für spätere Erinnerung. Namen bewirken Unterscheidung und Bewusstsein, Namen können verhindern hinzusehen.

Schließlich waren wir angekommen. Das Haus nahm uns gastlich auf, alles war gerichtet. Doch Blumenschmuck fehlte mir auf den Tischen. Deshalb fragte ich am zweiten Tag zwei freundliche Mädchen, ob sie nicht Lust hätten, draußen Blumen zu pflücken, um die Tische mit Sträußen zu zieren. Ja, sie wollten es gerne tun.

Auch vor dem Haus gab es eine ungemähte Wiese. Glockenblumen und Wiesenknopf blühten, lila Storchschnabel und gelbes Habichtskraut. Man muss keine Namen kennen, um sich an der zarten Vielfalt zu erfreuen.

Zum Frühstück standen kleine Vasen auf den Tischen, und darin rote Geranien aus den Blumenkästen am Haus ... Weshalb hatten sie keine Wiesenblumen gepflückt? Ja, man durfte doch nicht auf die Wiese, das Gras war feucht, und ob die Blumen halten würden?

So weit entfernt sind wir Stadtmenschen also von dem, was da wächst, was uns unmittelbar ansprechen könnte, was aber tabu ist, ein Bereich, dem man schaden könnte, der einem selbst Schaden bringt. Einen Tag später wurde die Wiese gemäht – mit all ihren Blumen, dem Wiesensalbei, den Lichtnelken, den Margeriten ...

»Wenn Gott das Gras und die Blumen des Feldes kleidet, die heute prächtig sind und morgen ins Feuer geworfen werden, wird er dann nicht euch erst recht kleiden? Wie schwach ist euer Glaube!« (Lk 12,28)[22]

Hätten wir sie, die sich leuchtend farbig, vielfältig aus dem grünen Meer der Halme und Blätter abhoben, nicht noch eine Zeit lang ansehen können, so wie sie uns ansehen, offen und ›ohne Falsch‹, anmutig und gnadevoll?

Wie lange schon, wie viele Jahrtausende begleiten die Blumen den Menschen, schmücken sie seine Feste, wurden sie ihm Ausdruck seiner Seele in Freude und Schmerzen, in Liebe und Andacht? Und selbstverständlich, kann man sagen, ist dies auch heute noch so: Die Blumenläden bieten die Fülle, Exotisches, Blumen in Sträußen und Töpfen, zu jeder Jahreszeit. Und welche Fülle wird aufgeboten, besonders an Hochzeiten, Beerdigungen und Jubiläen! Särge im Blumenmeer der Kränze, Buketts und Sträuße, da wird nicht gespart, und jede Gelegenheit zur Repräsentation wird von üppigem Blütenschmuck begleitet. Jedermann ist beeindruckt und freut sich aller großblumigen Schönheit – und die Floristinnen verstehen ihr Handwerk.

Macht man sich denn nicht deutlich, dass dies mit Natur kaum mehr etwas zu tun hat? Die Kultivierung, Aufgabe des Menschen von alters her, hat sich verselbstständigt, ist kommerzialisiert worden und führt zu einem plakativen Erlebnis, und man meint, es komme allein auf Größe und Masse an.

Was war Kultur einmal und wie bilden wir sie wieder? Die Wiesenflora, selbst zum großen Teil Ergebnis alter Kultivierung, geht durch Düngung und mehrfachen Schnitt zurück, der Artenreichtum der Gebirgspflanzen vermindert sich durch Trockenlegung, den Bau von Skipisten und anderen Sport- und Verkehrsanlagen. In den Feldern wächst kein Unkraut mehr, kein Rittersporn und keine Kornrade. In den Gebirgen muss das Blumenpflücken verboten werden, weil es die Leute auf Enzian und Edelweiß, Orchideen und selten gewordene Heilpflanzen abgesehen haben.

Und dennoch: Nur wer einen Strauß gepflückt hat, ihn heimträgt und in die Vase stellt, wer sich der Formen und Farben erfreut, sie ansieht und wieder betrachtet, wird sie auch draußen sehen. Lasst die dunkle Akelei an ihrem schattigen Ort weiterwachsen, lasst die Trollblumen stehen, auch wenn eine ganze Feuchtwiese davon erblüht, lasst den Eisenhut dort am Waldrand oder die Türkenbundlilie. Bei ihnen mögen wir stehen bleiben, ihre Gestalt erkennen, vielleicht zeichnen, was wir zu sehen bekommen.

Eine Pflanze gehört ganz in die Sphäre, in der sie wurzelt und wächst, verwelkt und Samen bildet. Doch dann gehört sie auch wieder zu uns, kann uns begleiten in die Wohnungen, wenn wir sie anschauend ›pflegen‹, ihr stilles Strahlen erkennen. Und das nicht allein zur eigenen Freude, zur Pflege unserer Seele und unserer schwach werdenden Gesundheit. Der Purpurkopf einer Distelblüte, die Dolde eines Baldrian, sie können in uns eingehen, wie wir in sie übergehen können – wenn wir ihre Eigenart bemerken, von ihrem Habitus, ihrer Farbe, ihrem Duft beeindruckt sind, sie nicht nur systematisch unterscheiden, sondern wenn wir erleben, ›wer‹ uns da gegenübersteht.

Mögen wir eine entsprechende Empfindung gegenüber der sommerlichen Natur entwickeln – bewusst oder unbewusst –, wodurch nach und nach die Wirklichkeit entsteht: Nicht nur, dass die Pflanze wächst, die Blume blüht, sondern: Ich blühe mit der Blume, ich bilde in der Pflanze diese oder jene Gestalt aus.

Interesse heißt ›dazwischen sein‹ und bedeutet, sich selbstlos ›einzumischen‹, herauszugehen aus dem eigenen Innern, um in der Natur aufzugehen oder sie so in sich aufzunehmen, dass sie sich in uns ausbilden kann. Dann müsste nicht mehr zu uns Menschen gesprochen werden: »Wie schwach ist doch euer Glaube.« Dann würde aus dem ›Gleichnis‹ Wirklichkeit: »Wenn ihr Glauben hättet, auch nur so viel wie ein Senfsamenkorn …«, dann wächst er in euch wie das Reich der Himmel, es »wuchs zum Baum und die Vögel des Himmels nisteten in seinen Zweigen« (Lk 17,6 und 13,19).

Das sogenannte Heidentum hat mit der Natur gelebt, hat in verschiedensten Formen aus und mit den Pflanzen und Tieren, den Quellen und Wolken seine Seele zu den Göttern erhoben. Einst gab es noch keine religiöse Innerlichkeit; sie ist im selben Maße entwickelt worden, wie wir uns der Natur entfremdet haben. Deshalb sind wir dabei, diese auf verschiedene Arten zu zerstören. Naturbeobachtung, Pflanzen sehen lernen – und wie viele Handreichungen bietet uns dazu die Naturwissenschaft –, kann die Quelle von Wachheit, Andacht und Gebet werden und zugleich der Ort, an dem ein Ethos entsteht, das eine Grundlage für Natur- und Umweltschutz bilden kann.

Wer dann eine Blume nach Hause trägt, wer einen Tisch, einen Altar mit ihr schmückt, der weiß, was er Gott schuldig ist.

Vom Keuschlammstrauch

Vitex agnus-castus, Verbenacea

Jedes Wesen, ob Mensch, Stein oder Tier, hat seinen Ort, jeweils auf seine Weise. Nicht nur im geographischen Sinne lagert, wächst oder lebt es zwischen anderen Kreaturen, prägt Landschaften oder Kulturen. Vor allem hat es seine besondere Aufgabe, von der uns vielleicht nichts mehr bekannt ist, in Bezug auf das Ganze der Erdennatur.

Bei Heilkräutern und Nahrungspflanzen wissen wir, worin ihre Aufgabe besteht, ebenso bei Rohstoffvorkommen. Was aber ist mit denen, die oft ›überflüssig‹ erscheinen, dem Menschen keinen ›Nutzen‹ bringen? Viele von ihnen waren in den Kulturen vergangener Zeiten Sinnträger, meist nicht einmal in materieller Hinsicht, etwa durch Brauchbarkeit ihrer Stoffe, sondern als Zeichen, in ihrer Ausstrahlung. Dass sie von Göttern gestiftet wurden zu ›heiligen‹ Zwecken, liegt im Dunkel der Vergangenheit verborgen. Sie tragen etwas an oder in sich, das Wandel und Heilung verspricht.

So war es einst mit dem blassblau blühenden, feingliedrig beblätterten Keuschlammstrauch, den der Reisende und Wandernde im Süden antreffen kann, in Griechenland, auf den Inseln des Mittelmeers, in Italien, Spanien oder Portugal. Er blüht von Juni bis in den September an Bachläufen oder feuchten Stellen in der Nähe der Strände, zusammen mit dem wilden rot leuchtenden Oleander. Seine Blütenstände könnte man mit einem ganz zarten, feinährig blühenden Flieder vergleichen, seine Blätter mit denen des Hanfs, nur nicht gezackt, aber von der graugrünen Färbung des Ölbaums.

So hat der Keuschlammstrauch in der sonnendurchglühten Landschaft seine Geschwister. Doch botanisch gehört er einer Familie an, die in diesen Gegenden nur

Abb. 19. Blütenspross des Keuschlammstrauches
(Vitex agnus-castus).

wenig vertreten ist, den Eisenkrautgewächsen, Verbe-
naceae. Zwar findet man vor allem in Südfrankreich und
auf Teneriffa den Busch des Verveine-Tees (Verbena) an-
gepflanzt, den wir als herbwürziges erfrischendes Ge-
tränk schätzen, doch bei den Tempeltrümmern weiter im
Süden wächst allein der Keuschlammstrauch als Vertreter
dieser Pflanzenfamilie. Das lässt darauf schließen, dass er
einmal kultiviert wurde und dann, vielleicht in nahezu
zweitausend Jahren, verwildert ist.

Woher kommt nun sein merkwürdiger Name ›Keusch-
Lamm‹? Man nennt ihn auch – etwas prosaischer –
Mönchspfeffer. Dieser viel jüngerer Name verät immerhin
seinen Lebensumkreis. Die Mönche sollen ihn als Gewürz
verwendet haben. Seine frischen Samen sind würzig-
scharf, doch sagte man ihnen vor allem noch eine andere
Wirkung nach: Triebhafte Gelüste sollte dieses Gewürz
vertreiben, so hofften jedenfalls die Mönche. Insofern
kommt man dem ursprünglichen Sinn und der Verwendung der Pflanze schon näher, wenn auch in einem ver-
kümmerten Sinne: Keuschheit hängt mit ihr zusammen, so
auch die Keuschheit des Lammes als Opfertier.

Keuschheit? Heute eine unbekannte Tugend, eine selten gepflegte Seelenfähigkeit. Ob die Samen des Keusch-
lammstrauchs den mittelalterlichen Mönchen als Droge
gegen die Begierden geholfen haben, ist uns nicht bekannt. Der kultische Gebrauch der Zweige und Blüten in
den Tempeln griechischer Gottheiten weist uns dagegen
auf Wirkungen hin, die wohl weniger pharmakologisch
erfassbar sind.

Um das Mittelmeer herum, insbesondere an seinen östlichen Ufern, wurden vielerorts *Muttergottheiten* verehrt:
Artemis in Ephesus, Hera auf Samos und Demeter bzw.
Persephone in Eleusis. Sie gehören der spätantiken griechischen Hochreligion an, doch schon viel früher, so
schildern es die Archäologen, waren die Seelen der Völ-

ker und Stämme bereits den ›Müttern‹ zugewandt, deren einzelne, regional gebräuchliche Namen uns nicht mehr überliefert sind. Man muss davon ausgehen, dass in jedem größeren fruchtbaren Talgebiet das Walten mütterlicher Fruchtbarkeitskräfte erlebt wurde. Diese lokal wirksamen, angebeteten Muttergottheiten trugen weithin sehr ähnliche Züge, je nach Landschaft und Lage aber auch ganz bestimmte Eigenheiten. Durch den Austausch zwischen den Volksstämmen und Kulturen verschmolzen diese Kulte miteinander, bei denen ähnliche Kräfte und Wesenheiten erlebt wurden. Die einzelnen Religionen fanden nach Jahrhunderten schließlich ihre Zusammenfassung in der großgriechischen Religion, Mythologie und sakralen Kunst. Dabei wuchsen mit der Größe der Tempel – ein Jahrhundert wollte das vorangegangene überbieten – nicht unbedingt auch Frömmigkeit und Wahrnehmungsfähigkeit für die ›Mütter‹.

Ein wesentlicher gemeinsamer Zug verband die geographisch und geschichtlich sich wandelnden und ineinander verschmelzenden Gottheiten: Ihre Biographie, ihr Mythos stand im direkten Zusammenhang mit dem Jahreslauf. Werden und Vergehen in der Natur, Fruchtbarkeit und Verödung waren Wirkungen, Schicksale oder Wesensbestandteile der mütterlichen übersinnlichen Mächte. Im Wechsel von Befruchtung, gebärenden Vorgängen und dem Wandel zu erneuter Jungfräulichkeit begleitete man die Lebensäußerungen der Göttinnen beziehungsweise hing man mit Leben, Arbeit und Kultur von ihnen ab.

Die erste Phase im Leben der Götter, die der Befruchtung und ›heiligen Hochzeit‹, hing mit der Aussaat in der Regenzeit zusammen, die der Niederkunft mit dem Wachsen und der Gestaltbildung, und bei der dritten, der Wiederherstellung des Ursprünglichen, handelte es sich um eine Art Reinigung. Um die Zeit, da die Sonne im Zeichen

der Jungfrau stand, fand ein Reinigungsritus statt, bei der
der Keuschlammstrauch, der zu dieser Zeit in Blüte steht,
seine Anwendung fand. In einem großen Fest wurde mit
feierlichstem Zeremoniell das Bild der Göttin nach Wochen größter sommerlicher Hitze zum Meer getragen, um
dort gebadet zu werden. Dies bedeutete, dass die Göttin
wieder keusch und jungfräulich wurde. Dabei wurden
Lämmer geopfert und das Götterbild mit dem Blut der
Opfertiere besprengt. Ob man zum Besprengen die Zweige des beschriebenen Strauches nahm oder ob man das ge-
reinigte Standbild hernach mit seinen Ästen bekränzte und
umwand, ist nicht genau überliefert. Da aber hatte die
Pflanze ihren Ort, ihre kultische Bestimmung. Das ist ihrem seltsamen Namen noch abzulesen.

In dem Buch der Offenbarung des Johannes (5,6) wird
uns geschildert, wie in der Himmelswelt, inmitten des
Thrones der Gottheit, dem Seher das Lamm erscheint,
»als wäre es bereits geschlachtet«, d.h. geopfert worden.
Dieses Wesen allein, so wird dort offenbart, ist durch seine Opferkraft in der Lage und deshalb auch würdig, den
Fortgang der Weltentwicklung zu bewirken: Das Lamm
auf dem göttlichen Weltenthron kann allein die sieben
Siegel des Buches der Zukunft lösen. Im begrenzteren
Zusammenhang muss ein ähnlicher Vorgang eintreten,
wenn im Jahreslauf Saat, Wachstum und Ernte abgeschlossen sind. Wie soll es nun weitergehen?

Der Seher Johannes muss im Buch der Offenbarung
sagen: »Niemand, weder im Himmel noch auf Erden
noch unter der Erde, war imstande, das Buch aufzuschla-
gen und das Siegel zu lösen«. Niemand von allen göttlichen Wesen und Kräften konnte also das ›Problem‹ lösen.
Und Johannes musste sehr weinen, weil niemand für würdig befunden wurde. Da sprach einer der Ältesten zu ihm,
der Löwe aus dem Stamme Juda, der zum Opferlamm
gewandelte Löwe allein würde einen neuen Anfang als

Voraussetzung der Zukunft bewirken können (siehe auch S. 169ff. über die Verwandlung des Löwen).

Auch hier schimmert durch die Oberfläche mythischer Bilder der Hintergrund der Sternbildkräfte hindurch: Nur durch den Löwen, der zum Opferlamm gewandelt ist, kann die Jungfrau wieder eingesetzt werden, aus der die Zukunft geboren werden soll. Den Vermittler oder Begleiter solcher Wandlung im göttlichen Reich verkörperte in den sichtbaren Riten der Strauch der Lammes-Keuschheit: Vitex agnus-castus.

Jungfräulichkeit und Keuschheit möge diese Pflanze bringen: ungeteilte, begierdelose Offenheit, frei von Selbstsucht, empfangsbereit für das Zukünftige, ohne dabei eigennützige Absichten zu verfolgen, damit für alle anderen Wesen das entstehen kann, was auch ihr Leben mitträgt, denn jede einzelne Pflanze hat ihren Ort im Zusammenhang der Natur.

Bei Ireon auf Samos hat man im Heiligtum der Hera, zwischen den Trümmern des Tempels, einen Vitex-Strauch so bewahrt und beschnitten, dass er wie ein Baum den heiligen Mittelpunkt des Bezirkes der Göttin bezeichnet. Die Reste einer byzantinischen Kapelle deuten an, dass man an die Götterkräfte anzuschließen versuchte, die in vorchristlich-heidnischer Zeit dort verehrt worden sind.

Im Schatten dieses Baumes können wir die Schmetterlinge um die zartblauen Blütenstände gaukeln sehen, können die Sonnenhitze spüren, die die Läuterung zum Neuanfang bewirken möge. Über das dichte Gebüsch aus Brombeeren, Schilf und Keuschlammstrauch hinweg erkennen wir den Saum des Meeres, in dem die mütterlichen Kräfte nach der Läuterung im Feuer verjüngt worden sind. Der Atem des Windes geht durch die Zweige des heiligen Baumes und möchte Menschheitserinnerungen wachrufen an seinen Sinn und seine Vermittlung von ›Himmelskräften auf Erden‹.

Unkraut

In einer Gegend, die landwirtschaftlich weniger intensiv genutzt wird, gehen wir einen Weg entlang und erfreuen uns an der Artenvielfalt, die wir im Vorübergehen antreffen: Hellblau besternte Wegwarte, weiße Dolden wilder Möhre, Johanniskraut blüht gelb, und auch ein gelber Steinklee ist zu sehen. Dazwischen wächst der Wegerich, auch rosa Hauhechel und dann und wann eine Malve. Viel mehr noch ist anzutreffen, ein Reichtum verschiedenster Arten, die so, wie sie hier wachsen, nicht ›nützlich‹ sind – und an denen man ohnehin achtlos vorübergeht …

Bei all diesen aufgezählten Arten weiß ein gutes Kräuterbuch Anwendungen für die Gesundheit. Aber es geht nicht darum, den Menschen oder seine Gesundheit zum Maßstab aller Dinge zu machen. Vielfalt von Pflanzen bedeutet Mannigfaltigkeit von Wurzeln, Blättern, Blühzeiten, von Insekten und anderen Kleintieren und wiederum von Vögeln und so weiter. In jeder Art, in jeder Pflanze manifestieren sich die verschiedensten Lebenskräfte, die zwischen Erde und Himmel wirken. Das ist *Leben*. Mit jeder Art, die *nicht* wächst, können weniger Qualitäten wirksam werden.

Spricht jemand von *Unkraut,* so hängt dies mit dem Standort zusammen, *wo* die einzelnen Pflanzen wachsen, ob sie dort erwünscht sind oder nicht. Während nun die einen dieses Wort tunlichst vermeiden, da jedes Kraut, wo auch immer es gedeiht, seine Berechtigung habe, manipulieren die anderen den Mais und andere Pflanzen so, dass sie gegen Pflanzenvernichtungsmittel (sie nennen es Pflanzen-Schutzmittel) resistent werden. So wird einerseits die Möglichkeit für große Vielfalt geschaffen, die aber auch Verwilderung, Chaotisierung hervorbringt, während auf der anderen Seite Leben so weit abgetötet wird, dass es nur noch steriler Produktion dient.

Wir treffen heute in Mitteleuropa keine ursprüngliche *Natur* mehr an. Sämtliche Pflanzengemeinschaften, Landschaftsformen, Biotope sind durch menschlichen Einfluss so geworden, wie sie sind. Wir haben es mit einer *Kulturlandschaft* zu tun, die, bei großer Artenvielfalt, dennoch eine durch den Menschen herbeigeführte Auswahl darstellt. Und aufgrund dieser Auswahl konnten und mussten sich wiederum neue Pflanzengesellschaften bilden. Die vom Menschen herrührenden positiven Einflüsse bewirkten landschaftlich-landwirtschaftliche Kultur, in der bestimmte Arten Schutz genossen, andere Arten jedoch aussterben mussten, wiederum andere sich als Unkraut umso mehr verbreitet haben. Die negativen Einflüsse machten sich in Form von Monokulturen, Flurbereinigungen, Feuchtwiesendrainage usw. bemerkbar und führten zu Einseitigkeiten. So kam zum Beispiel das Asiatische (kleine) Springkraut zum Zuge und die aus den Weiten Kanadas stammende Goldrute (Solidago canadensis). Auch eine riesige Bärenklau-Art macht in den letzten Jahren von sich reden, die sich an Gebüsch, in Gärten und an Waldrändern gewaltig und unausrottbar ausbreitet und andere Pflanzen verdrängt.

So verändert sich die Flora einer Landschaft im Laufe der Jahre, wenn die Lebenskräfte durch den Menschen aus dem Gleichgewicht kommen. Immer mehr Arten von Pflanzen und Tieren sterben aus und immer mehr massenhaft auftretendes ›Unkraut‹ nimmt Besitz. Diese Veränderung der Landschaft nimmt man mit Verwunderung wahr: Allmählich zieht ein anderer Charakter ein, der zwar auch seine Schönheit haben kann, aber doch wie eine Art Vergreisung anmutet.

Auch im Garten kann sich das vom Menschen gestaltete Ambiente sehr stark wandeln. Der Gärtner hat die

Möglichkeit, entweder gesunde oder aber sterile und damit kranke Situationen zu schaffen. Gelingt es ihm, Biotope entstehen zu lassen, indem er behutsam-geschickt den Zusammenhang der Lebenskräfte unterstützt, wird es wenig deplaziertes Kraut – Unkraut – geben. Wo Wolfsmilch und Oxalisarten ungewollt gedeihen, wird das Lebensgefüge noch so zu beeinflussen sein, dass lebendige Gestaltung möglich ist; wo Winde, Disteln und Quecke sich breit machen, kann wohl nur ein geübter Fachmann weiterhelfen.

Ein möglichst genaues und liebevolles Anschauen – auch ohne gärtnerische Erfahrung oder Botanikstudium – bewirkt, dass die eigenen Lebenskräfte sich neu und anders mit der Natur verbinden und durch sie gestärkt werden, aber auch, dass man beobachtend mitdenken, mitfühlen lernt. Kehrt man danach wieder zu sich nach Hause, in die eigene Seele zurück, gewinnt man ein neues lebendiges Gefühl für den innerseelischen ›Garten‹ und was darin wächst – Kraut und Unkraut.

Die Gleichnisse des Evangeliums von der vierfachen Saat und deren Schicksal wie auch vom Unkraut in der guten Saat (Mt 13) liegen nahe. Wie bilden wir in der Seele den Boden aus, dass wir keine Ungleichgewichte schaffen, dass keine Vernichtungsmittel nötig sind und Lebens-Gesundheit einzieht?

Verunkrautung und Versteppung der Seelen sind immer mehr zu beobachten. Wiederbelebung und Anregung neuer Möglichkeiten hängen mit dem allgemeinen Zustand der Landschaft zusammen. Landschafts-, Natur- und Artenschutz sind zugleich Schutz gegen das Absterben der Seelen- und Lebenskräfte der Menschen, selbst wenn dieser Zusammenhang zunächst nicht ins Auge fällt.

Der Wald als
›Lebensgemeinschaft‹

Mag einer auch hunderttausend Bäume zählen, damit hat er den Wald noch nicht erfasst. Ein anderer wird sagen: Schlage alle Bäume ab, dann weißt du, was der Wald gewesen ist. Aber wer vom Wald etwas versteht, der sieht, dass der Wald schon gestorben ist, wenn die Bäume zu fallen beginnen.

Das ›Zwischen-den-Bäumen‹, das ›Um-sie-herum‹, das ›Unter-und-über-ihnen‹, das vielfältige Weben und Bewegen, das Leben, das überall zu beobachten und doch unsichtbar ist, das ist der Wald: eine Sphäre. In ihr kann der einzelne Baum seinen Standort und sein ›Schicksal‹ haben, doch zugleich ist er ein Glied im großen lebendigen Zusammenhang.

Wo die Menschen das vergessen haben und den Wald nur noch als Holzfabrik oder Sauerstofferzeuger schätzen – oder auch als Freizeitgebiet mit Erholungswert –, da muss seine Lebenskraft zu Ende gehen. Dort müssen die Menschen ganz von vorne beginnen und lernen, wieder »den Wald vor lauter Bäumen« zu sehen, sich für ihn zu interessieren, ihn zu beobachten, ihm zu helfen, ihn zu lieben, nicht, weil er für sie nützlich ist, sondern damit er in der Welt gedeihen kann.

Mit einer Menschengemeinschaft ist es ähnlich und doch auch ungleich komplizierter. Denn der Mensch ist viel mehr ›er selbst‹, als es irgendein Baum sein könnte. Er will mehr für sich selbst und macht das geltend. Der Mensch ist zugleich sein eigener Förster und Waldhüter – oder er möchte es sein, und so hütet nur jeder sich selbst, und bei all dem gedeiht der Wald nicht mehr …

Bleiben wir beim Wald als einem Bild der Gemeinschaft: Viele Menschen hat es gegeben, die sich um den

›Wald‹ gesorgt haben. Die einen sagten: »Es müssten alle Menschen gleich sein und alle sollen gleiche Möglichkeiten haben.« Sind daraus nicht die schwachen Wälder geworden, Monokulturen, die von Schädlingen heimgesucht werden, die kein echtes, vielfältiges Waldleben entwickeln und sich nicht wehren können?

Andere meinten, man müsse den Wald gänzlich wild wachsen lassen. Kein Mensch dürfe hinein, man müsse alles sich selbst überlassen. Und siehe da, auch dies geht nicht: Wildnis wird Fäulnis, Wuchern wird Chaos.

Es gibt auch Baumgebiete, wo man allerhand Gewächse an Stämmen und in Kronen findet: Die Glockenrebe mit ihren schmucken Blüten, das Efeu oder Mistelarten. Solche interessanten Schmarotzer erwürgen den Wald. Ja, dies alles trifft auch auf Menschengemeinschaften zu.

Manchmal begegnen wir einzelnen Bäumen, die irgendwo frei stehen und sich wunderbar entfalten können. Vor allem die Linde, aber auch eine Kastanie, eine Eiche oder ein Birnbaum, vielleicht auch eine Esche kann es sein. Doch das sind wirklich ganz wenige, die von Menschen an ganz bestimmten Plätzen gepflanzt, sozusagen berufen worden sind, um dort eine besondere Aufgabe zu erfüllen. Die allermeisten Bäume stehen in einem Verband, sei es eine Baumgruppe, ein Gehölz oder ein Park, in dem sich ebenfalls ein Baum auf die anderen bezieht.

Der Mensch ist sehr mächtig in Bezug auf das Sterben des Waldes – für das Neubeleben, für das Auferwecken kann er heute noch sehr wenig tun. Das hängt damit zusammen, dass er immer noch nicht richtig versteht, was ›Wald‹ eigentlich ist. Wenn man das verstehen will, muss man es denken können! Doch sobald man mit dem Denken ins Große, Umfassende geht, werden die Gedanken neblig, ungenau. Einen Wald müssten wir aber sehr genau *glauben* können, – ein präziser und nüchterner Vorgang, so einfach und wunderbar wie es ist, wenn sich der Wald im Frühling lebenskräftig entfaltet und belaubt. Dabei wird das Licht, das den ganzen Tag über seine Richtung und seine Qualität ändert, von den unendlich vielen zarten Blattflächen aufgenommen, verändert und belebt: Licht wird Leben, Leben wird Atem, Atem wird Auf- und Niedersteigen zwischen und in den Stämmen.

Bestürzt beobachten wir, wie die Wälder sterben. Und wo sie dahinsiechen, stürzen nach und nach auch die einzelnen Bäume. Lebenskraft ist gewichen, Schädlinge fallen ein. Und wenn es auch manchmal schön anzusehen ist, wenn interessante Ranken Stämme, Äste und Zweige überwuchern, die Bäume sterben dahin.

So geht es auch mit Menschengemeinschaften. Wir alle können nicht ohne Gemeinschaft leben, keiner von uns kann es.

Für uns ist die Gemeinschaft noch entscheidender als für die Bäume der Wald. Ohne andere Menschen, die neben und mit uns leben und sich auf uns beziehen, wäre keiner von uns gediehen. Heute sagt man, der saure Regen habe die Wälder zerstört. Das ist sicher ein Teil der Wahrheit. Den ›sauren Regen‹ gibt es auch unter uns Menschen. Es ist ein Klima, welches alles säuerlich zusammenzieht: Ein Regen dauernder Kritik, ›ätzend ist das‹, lautet die Redensart.

Manchmal überfällt aber auch den Einzelnen etwas wie eine Sucht zur Gemeinsamkeit. Dann haften Menschen aneinander und hoffen sich gegenseitig die Lebenskraft zu geben, an der es mangelt. Doch sie saugen einander die Lebenskraft aus, werden zu eifersüchtigen Konkurrenten, anstatt liebevoll zu geben.

Um den Wald menschlicher Gemeinschaft zu beleben und zu retten, kommt kein Gott daher und repariert mal eben, was zerstört ist. Kein Waldhüter ergreift Maßnahmen. Spüren wir den Wald, der mehr ist als die Summe seiner Bäume? Nehmen wir wahr, wie Gemeinschaft ein ›Mehr‹ ist als die Zahl der dazugehörigen Menschen? Wenn etwas bedroht ist, wird es oft erst bewusst.

Manchmal tritt ›der Wald‹ menschlicher Gemeinschaft wie ein Wesen an uns heran. In einer lebendigen Gemeinde ist das so. Es berührt jeden Einzelnen und spricht: ›Der Friede möge mit dir sein.‹ Immer wieder kann das geschehen und kann ›sauren Regen‹ neutralisieren. Es ist tatsächliche Medizin. Aber auch das ist noch nicht alles.

Was Christus in die Welt gebracht hat, scheint für menschliche Maßstäbe alt zu sein. Aber es geht um Jahrtausende, um noch viel größere Zeiträume. Was nur nützlich ist, zerstört jede Gemeinschaft; was alles nur gleich macht, ist anfällig für die Widersacher. Was sich extravagant ziert, schmückt sich mit der ›Lust am Untergang‹. Doch was Christus geschenkt hat und immer wieder schenkt – denn sein Geist ist die Seele des ›Menschenwaldes‹ –, ist ein neuer Glaube als Fähigkeit, sich in eine neue Gemeinschaft einzuleben.

Nun ist leichter beschrieben, was schadet, als aufzuzeigen, was die Elemente eines gesunden Wachstums sind. Der ›Leib‹ des Waldes ist gewiss sein Holz. Das muss fest sein und darf nicht von innen her faulen. Der Gemeinschaft der Christen wird für ihren ›Leib‹, gegen Fäulnis und für die Festigkeit der Stämme, das Brot der Kommunion gegeben. Das vermindert zu rasches Vergehen, es fördert das Halten und die Treue, es festigt die Säulen, die das Gewölbe tragen.

Dagegen ist das ›Blut‹ des Gemeinschaftslebens der Pulsschlag, der aus jedem Einzelnen immer erneut heraufdringt. Gestärkt wird die Kraft, die sich freudig hingibt durch den Wein, den wir gemeinsam aus einem Kelch trinken. Wer nur denkt, inwiefern der andere ihm nützlich sein mag, zerstört die Grundlage der Gemeinschaft. Wer wie ein Baum sein Leben in das Ganze eines Waldes hineinstellt und gerade von dieser Hingabe indirekt lebt, der ›glaubt‹ – der ist wie ein Baum, der sich belaubt.

Das Licht, das in unsere Gemeinschaft täglich neu hereinfällt, wird zwischen uns zu Leben und Atem, zum Lebensraum nicht nur für uns, sondern auch für alle anderen Wesen. Das sind die zahlreichen Tiere und vielfältigen Pflanzen im Wald, die zu ihm gehören. Das sind in der Gemeinschaft all diejenigen, die menschlichen Lebensraum suchen und brauchen.

Als Christus am Kreuz sein Leben hingab und in die Erde gelegt wurde, bereitete er den Boden und legte den Keim eines Waldes. Zwölf Arten pflanzte er stellvertretend: Zwölf Jüngern reichte er das Abendmahl. Nach sieben Wochen waren die Keime der neuen Gemeinschaft ›aufgegangen‹. Wir feiern diese Zeit als das Pfingstfest.

Im gemeinschaftlich-christlichen Gottesdienst wird der Versuch gemacht, den Wald der Gemeinschaft zu hegen. Früher nannte man ein Gehölz auch einen ›Hag‹. In den Worten des Bekenntnisses, das der Priester in solchen Handlungen vor der Gemeinde spricht und damit ablegt, bekennt er sich zu solchem Hegen: Wälder, in deren jedem Baum die Kraft des Waldes wirkt, sind zusammengefasst in einem Lebensraum, der allen Wesen Lebensmöglichkeiten bietet, die den Wald brauchen und in ihm und für ihn leben.

Das lautet im Text des Bekenntnisses der Christengemeinschaft dann so: »Gemeinschaften, deren Glieder den Christus in sich fühlen, dürfen sich vereinigt fühlen in einer Kirche, der alle angehören, die die heilbringende Macht des Christus empfinden.«

In diesem ›Wald‹ atmet der Friede, in ihm können wir gedeihen und zu Hause sein.

Glockenblume

Thema mit Variationen

Auf den Wegen am Rand der Stadt, entlang der Landstraßen oder Feldwegen, die wir, selten genug, begehen, kommen wir immer wieder an den gut bekannten Glockenblümchen vorbei. Einmal stehen sie einzeln zwischen Gräsern oder den Blättern anderer Kräuter, ein anderes Mal klettern die zarten Glöckchen ein Leiterchen hinauf, mal sind sie blassblau, spitz nach unten gewandt, mal dunkelviolett in Büscheln nach oben gestellt. Und im Gebirge die zartblauen Glocken auf den Arnika-Wiesen oder einzeln, groß, im Schatten der Tannen – wer wollte behaupten, diese alle zu kennen, und wie wandelt sich die Glockenblume so mannigfach?

Die Botanik teilt jeder Pflanze ihren Ort in der Systematik zu. Dabei geht die Einteilung in Abteilungen, Klassen, Ordnungen und Familien vor allem nach der Ähnlichkeit der Blüte vor sich. Wie nun die von uns angetroffenen Glockenblumen auch aussehen mögen, sie gehören in eine sogenannte ›Familie‹ aufgrund ihres übereinstimmenden Blütenaufbaus. Wir – oder die Botaniker vor uns – haben uns einen Begriff gebildet, der die Pflanzen mit verwandter Blütengestalt als Glockenblumen umfasst. Es liegt nahe, sie alle mit dem gleichen Namen zu benennen.

Doch welche von ihnen ist denn *die* Glockenblume und wo finden wir sie? Ist sie nur in der systematischen Begriffswelt der Forscher, der Naturbeobachter vorhanden, oder ist sie, *die* Glockenblume, eine Wirklichkeit, die sich als morphologisch bildende Kraft in all den Pflanzen bemerkbar macht?

Unser Bestimmungsbuch zählt über zwanzig in unseren Breiten vorkommende Glockenblumen auf, einige davon

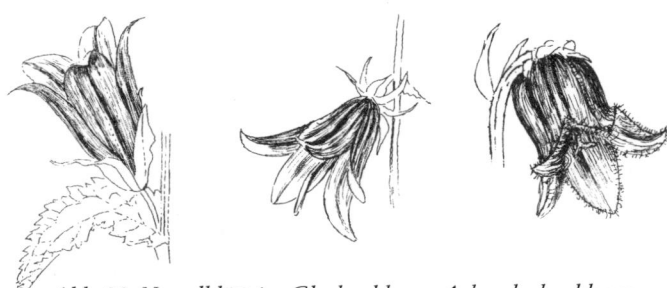

Abb. 20. Nesselblättrige Glockenblume, Ackerglockenblume,
Bärtige Glockenblume (von links nach rechts).

gibt es nur in bestimmten Gegenden, andere treffen wir
überall dort an, wo nur ein wenig feuchte Erde geboten
wird. Wenn wir alle an einem Tage zusammengetragenen
Formen in eine Vase zusammen stellen würden, käme uns
die Unmöglichkeit, in solch vereinheitlichender Weise
mit Pflanzen umzugehen, deutlich zum Bewusstsein. Die
langen und großen, die feinen und rundlichen, alle diese
Formen haben wir an verschiedenen Orten gefunden. Die
Glockenblume habe sich, so sagt man, den unterschiedlichen Standorten und Lebensbedingungen ›angepasst‹:
Zwischen Geröll finden wir sie klein und in Büscheln als
Zierliche Glockenblume, inmitten der saftigen Weidewie-
sen als Wiesen- oder als Rapunzel-Glockenblume.

Wie das? *Sie* habe sich angepasst? Ist da also doch eine
Wirklichkeit, vielleicht sogar ein Glockenblumen-Wesen,
das sich an die unterschiedlichen Orte gewöhnt und sich
in seiner jeweiligen Gestalt festgelegt hat?

Versuchen wir doch einmal, verschiedene Arten zu beschreiben. Die Bestimmungsbücher tun dies mit sehr
knappen, festgelegten Worten und legen kaum Wert auf
die Charakterisierung des gesamten Habitus der Pflanze.
Wir wollen hier zunächst nicht von den spezifischen Un-
terscheidungsmerkmalen ausgehen, sondern von dem
Gesamtbild der Pflanze, wie wir sie antreffen.

Abb. 21. Wiesenglockenblume und Zierliche Glockenblume.

Bis in Kniehöhe steht die *Nesselblättrige Glockenblume* vor uns am Waldrand. Es hat viel geregnet, dennoch ist der Sommer warm. Sie fühlt sich wohl in ihrem reichen Kleid, das mehrere aufrechte, starke Stängel umgibt. Diese sind kantig und bräunlichrot. Das Grün der weich behaarten Stängelblätter hebt sich erfrischend davon ab. Von unten nach oben werden die Blätter schmaler, an der Spitze der Pflanze bilden sie nur noch kurze Pfeile. In jeder Blattachsel steht ein Blütenstiel mit einer Rispe von drei bis fünf herrlich gebildeten, warm-rotvioletten Glockenblüten. Der zarte Haarflaum bedeckt sowohl die spitzzackigen grünen Kelche wie auch das Innere der Glöckchen, die sich über die ganze Pflanze hin nach einer Seite und nach oben wenden. Auch Knospen finden wir noch, besonders am oberen Teil des Stängels, zart und blass, fünfkantig spitzig. Die ganze Gestalt ist krautig ausgebildet, ein Mittelmaß zwischen Kraft und Zartheit. Der Dreiklang der Farben von leuchtend rotvioletten Glöckchen, dem Grün der Blätter und der Kelche, die die Blüten halten, sowie dem Rot des Stängels und der Stiele spricht uns an; es könnte kein Künstler Erquickenderes erfinden.

Sehen wir uns nun die *Bärtige Glockenblume* an. Übertreibung mag vielleicht veranschaulichen, aber von einem ›Bart‹ kann nicht die Rede sein. Vielmehr sind auch hier Stiel, Blätter und die Blüten innen weich und weißlich behaart. Eine Spanne hoch wird dieses Blümchen, senkrecht stehend, und lässt seine vier bis fünf haubigen Glocken nach einer Seite herabhängen. Die lichtgrünen oder matt braungrünen Kelche sitzen fünfzackig auf den Glocken auf.

Eine unberührbare Zartheit charakterisiert die ganze Pflanze. Die blass-hellvioletten Glocken sind in ihren starken Wölbungen fein schattiert gezeichnet. Um in die engen Blütenröhren hineinzusehen, muss man die Blume pflückten; sie hat sozusagen ›die Augen niedergeschlagen‹. Dann sieht man um den Fruchtknoten herum eine dunkle Tönung, und das Sternchen der fünf Staubgefäße hebt sich deutlich ab, sofern sie schon ganz entwickelt sind. Ein dreigeteilter Stempel hängt aus jedem Glöckchen heraus. Ihr Standort ist meist im Gebirge, zwischen 1500 und 3000 Metern Höhe. Dort steht sie zwischen Knabenkraut, Arnika und Zittergras in mageren oder halbsumpfigen Matten; ihr blassbläulicher Farbton fügt sich stimmig in das warme Goldgelb und starke Rosa ihrer Nachbarn, die zu gleicher Zeit blühen.

Die kleinste Blüte zeigt die sogenannte *Zierliche Glockenblume*, kaum so groß wie die Kuppe eines kleinen Fingers. Sie wächst gern in der Nachbarschaft des duftenden Thymians, im Geröll von Geländeaufbrüchen und selbst in den Felsenritzen der Gebirge. In kleinen Büscheln hält sie sich zwischen den Steinen fest, und kommt ein Wind auf, so zittern ihre Glöckchen und rascheln leise. Zugleich funkelt das Licht auf, denn die Außenseite der Glöckchen wie auch die feinen Stängel sind glänzend glatt. Umspielt sind die zierlichen Pflänzchen von den fadenförmigen Zipfeln ihrer Kelche. Im Vergleich mit der oben beschriebenen Nesselblättrigen Glockenblume, die dem feuchten Halbschatten vertraut ist, wird bei ihrer kleinen Schwester alles licht und luftig. Bis in jede Einzelform, jede Geste ist sie, wie der Name zutreffend sagt, zierlich. Ein Lächeln scheint sie immerfort zu umspielen, eine Anmut und Fröhlichkeit, wie sie in den Spitzen der läutenden Glocken zum Ausdruck kommt, die nach außen, nach oben gebogen sind.

Kein bebildertes Blumenbuch, kein Farbdruck in den Naturführern kann die Abtönungen des matten Blaus, den rötlichen Hauch, der darüber liegt, die Wärme solcher Farben oder die Zier solcher Blüten wiedergeben. Der Leser sei gebeten, sich auf den Weg zu machen, sei es im Gebirge oder am Waldrand, mehr aber noch die exakte Phantasie zu beleben, um nachzuvollziehen, was Worte nicht fassen können.

Bei all den verschiedenen Arten muss uns auffallen, dass wir es jedesmal mit einer anderen charakteristischen ›Ästhetik‹ zu tun haben. Mag die Blütenglocke rundlich ausgebildet sein, mit weich auslaufenden Zipfeln, mag das Glöckchen v-förmig geöffnet in Vielzahl an der Stängelachse blühen, immer ist die ganze Pflanze bis in jedes Organ hinein so ausgeprägt, dass alle Teile ganz ›zu ihr gehören‹. Es muss doch verwundern, dass jede Art ihren eigenen ›Stil‹ ausbildet und dass unser menschliches Formgefühl keine Unausgeglichenheit, keine ästhetischen ›Formfehler‹ entdecken kann.

Nehmen wir zur Verdeutlichung einmal an, ein Designer hätte eine bestimmte Gestalt zu entwerfen, die Formung einer Tasse, eines Griffs, oder eben – eine Glockenblume. Dabei geht er an diese Gestaltungsaufgabe mit seinem künstlerischen Gefühl, seinem ästhetischen ›Gewissen‹ heran. Es erfreut uns, wie das ganze von ihm gestaltete Gebilde in sich stimmig ist, auch wenn wir vielleicht nicht jeden Zug an diesem kleinen Werk bewusst nachvollziehen können. Ist er ein wirklicher Künstler, so klingen alle Teile so zusammen, dass eine lebendige Harmonie entsteht. Einen Ungeübten erkennen wir an der ›Unbeholfenheit‹, daran, dass die Teile kein wesenhaft Ganzes bilden.

Bei all der Stimmigkeit, die wir in der Natur an einer Pflanzengestalt finden, handelt es sich nie um Eintönigkeit oder etwas ›Langweiliges‹. Die Nesselblättrige Glockenblume, wir haben sie beschrieben, erfreut gerade durch die gegensätzliche Färbung von Stiel, Kelchen und Kronglocken. Eine andere wiederum wie die Zierliche Glockenblume zeigt ein so fein abgestimmtes Mattblau und Grüngrau, dass wir von dieser Art ebenso ästhetisch angesprochen werden.

Woher wohl mögen die ›geschmacklich‹ aufeinander abgestimmten Gestaltungen in den jeweiligen Formen der Glockenblume kommen?

Wenn wir so die Einzelgestalten erfassen, bilden wir sie in unseren Vorstellungen lebendig nach. Wir müssen, wollen wir sie kennen lernen, ihrem Ursprung, ihrer Wesens-Idee näher kommen, uns in sie hineinversetzen. Wir müssen sozusagen mit ihr im weißen Alpenlicht am Geröllhang wachsen, im schattigen Hochwald erblühen oder uns zwischen den Knabenkräutern und der Arnika auf der Bergwiese aufrichten, müssen der jungfräulich rundglockigen Blüte nachempfinden oder dem lustig aufgerichteten dunklen Blütenbüschel mit den weißen Stempeln darinnen. So wird uns alle Formenvielfalt nach und nach zu eigen.

Es handelt sich offenbar bei der Glockenblume nicht um ein Pflanzenschema, das sich von einer auf die andere Art übertragen lässt, sondern um ein, vorsichtig ausgesprochen, ›Lebendiges‹, das in der Lage ist, Umgebung, Untergrund, Feuchtigkeit, Lichtverhältnisse, Gesamt-Bildekräfte mit der Grundidee so zu verbinden, dass ein Ganzes, ein Eigenes entsteht, nennen wir es ein ›Naturkunstwerk‹.

»Aber man muss innerlich ein wenig anders werden, wenn man das alles wirklich denken will«, so beschreibt Rudolf Steiner die innere Tätigkeit des Betrachters, der die

Metamorphose – in diesem Fall die der Glockenblume –
als Lebendiges erfassen möchte. »Da müssen Sie etwas
geistig fassen, das sich« – hier im Vergleich unterschiedli-
cher Gestalten – »in der verschiedensten Weise verändert.
Es ist Geist, der im Pflanzenreich lebt …« So erübt sich, in
nachschaffend exakt künstlerischer Weise, ein Begreifen,
das dem ›Greifen‹ der Finger eines Plastikers zu vergleichen ist oder der eines Musikers, der aus Noten auf dem
Papier die Melodien der Kompositionen auferstehen lässt.

Und dann fährt Rudolf Steiner fort: »Wer den lebendigen Begriff, das heißt, die *seelische Handhabe des Geistigen* beherrscht, der ist auch imstande, aus dem Geiste
heraus wiederum die äußere Handlung des Menschen zu
beleben. Dann kommt es dahin, dass wirklich einmal er-
reicht werden kann …, dass man empfindet, was man der
Natur als ihre Geheimnisse ablauscht, als Taten des Geistes, der durch die Natur durchströmend sich betätigt:
dass der Laboratoriumstisch zum Altar wird … Wir müssen wiederum alles Forschen als einen Verkehr mit der
geistigen Welt begreifen lernen. Dann werden wir der
Natur dasjenige ablauschen, was die Menschheit wirklich
in ihrer Entwicklung weiterbringt.«[23]

Das bedeutet aber auch, reale geistig-religiöse Kräfte
mit der Natur wieder neu verbinden, um nachschaffend
mit ihr eins zu sein.

Variationen über die Nelke

Weit weg ist alles wieder: die Blumen auf den Wiesen und
am Bach. Man kommt aus Zeitmangel nicht mehr dazu,
sie anzuschauen; pflücken soll man sie schon gar nicht.
Und wenn man sie sieht, vergegenwärtigt man sich nur,
was man bereits weiß. Und schon ist man wieder auf der

Straße und sieht ›Natur‹ nur in ›Hochglanz‹ durch die Windschutzscheibe seines Fahrzeugs.

Nun gelang es mir doch einmal, Sonntag morgens zwischen halb sieben und halb acht: die Städte und Dörfer noch still, die Straße, erst recht auf dem Land, noch ›unverbraust‹, fast idyllisch. Da standen sie im Morgentau und dem sonnigen Atem des frühen Sommertages: Lichtnelken nennt man sie.

Ich fand drei Schwestern. Zuerst die *Federnelke* an ziemlich trockenem Standort im Gras. Die Vielzahl der Blüten, endständig auf zierlich geradem, verzweigtem Gestiel. Die duftig-rosa Kronblätter sind nach außen verfranst – deshalb Federnelke –, Luft und Licht haben die Nelkengestalt zart versprühen lassen. Fünf zartfarbige Kronblättchen, jedes vierfach geteilt, die Fransen benachbarter Blätter überschneiden sich so, dass man, blickt man durch sie hindurch gegen das Licht, einen dunklen, feinen Fünfstern sieht.

Die zweite Schwester sieht der vorigen sehr ähnlich, doch sind ihre hellrosa Blütenblätter nicht zerspalten, sondern nur in der Mitte jeweils herzförmig eingekerbt. Treuherzig und viel braver guckt sie einen an mit ihren rundlichen Augensternen. Kaum bemerkt man, dass sie erdverbundener ist. Die zahlreichen Blüten entfalten sich aus braunrötlichen Kelchhüllen, weiter unten verstärkt sich diese Farbe, weil unterhalb jedes Blütenstiel-Ansatzes, jedes Knotens ein brauner, klebriger Streifen zu entdecken ist. Das hat ihr den Namen eingebracht: *Pechnelke*.

Und dann die dritte Schwester: eine freundliche Matrone. Ich fand sie am feuchten Graben und machte mir die Schuhe nass, als ich sie pflückte. Ihre Krone, aus fünf lieblich-rosa eingeschnittenen Blütenblättern gebildet, ist eine Scheibe, die gegen das sie umgebende dunkel-saftige Grün zauberhaft absticht. Ihr Kraut ist weich und dick, pelzig fein behaart. Jetzt sehe ich an ihr, dass sie ein feines weißes Krönchen inmitten des Blütentellers trägt, man nennt es eine Nebenkrone. Es ist wie ein hübsches Häubchen, etwas kraus, wie es früher einmal eine Kammerzofe trug. Und dann finde ich Ähnliches bei den Schwestern, unscheinbarer und kleiner, weil sie sich ohnehin bescheidener, vielleicht aber auch lustiger gebärden.

Was traf ich dort an den Wegrändern? Wie in der Gestalt einer Blume, der *Lichtnelke*, sich Himmel und Erde durchdringen! Vielgestaltige Kräfte beobachte ich: Licht plastiziert von oben her, Feuchtigkeit, wie Dampf, von unten her, bildet Fülle aus, Trockenheit und Erdiges die Stiele.

Noch weiter treibt es wieder eine andere Art: Außen sind die Kronblätter zerfranst wie bei der Federnelke, doch sind sie blasser in der Farbe, fast weiß, größer, hautiger, luftiger. Es ist die *Prachtnelke* (Dianthus superbus). Die Blütenblätter sind bis weit über die Mitte hinaus eingeschnitten, jedes bis zu dreißigfach, sodass sich die Blüte nach außen in feinster Weise vielfach versprüht. Was nun bei den beschriebenen Lichtnelken das innere Häubchen, die Nebenkrone darstellt, tritt bei der Prachtnelke in besonders feinem Schmuck in Erscheinung: Wo die Blütenröhre in die Blüten-Ausbreitung übergeht, ist auf dem Blütenblatt eine nach außen spitze Fläche zu sehen, besetzt mit feinsten matt-olivgrünen Härchen, die in ihrer Farbe geradezu apart gegen das Zartrosa der Blüte abstechen. Es ergibt sich so in der Mitte der versprühenden Blütenform ein neuer Sternkragen und außen noch einmal ein Fünfstern als Hohlraum, dessen Begrenzung aus den Fransen benachbarter Kronblätter besteht. Zu diesem mehrfach ziselierten Blütenbild kommt nun noch der Nelkenduft, der sie umgibt. »Lockergrasige Staude«, vermerkt das Bestimmungsbuch, »Blätter grün linear, dünn, biegsam. In locker verzweigten Büscheln« ... und so weiter.

Von Art zu Art unterscheidet man eine Fülle spezieller

Gestaltungs-Qualitäten, die an einer einzigen Blume, der Nelke, zum Ausdruck kommen. Dabei haben wir bei weitem nicht alle aufgezählt. Ein gutes Bergblumen-Buch verzeichnet allein über zwanzig verschiedene Formen von Kelchröhren nur der Dianthus-Arten, der ›trockenen‹ Nelken. Die Ersteren, die Lichtnelken, werden mit dem lateinischen Namen Silene benannt; fünf Arten werden hiervon angeführt. Dabei haben wir all jene nicht berücksichtigt, die in Kissen von kleinen weißen Sternchen an den Felsen hängen oder diejenigen, die inmitten der Wiesen stehen als Aufgeblasenes Leimkraut oder Taubenkropf-Nelke usw. Auch die Nelkenarten können, wie die Glockenblumen, Blütensträußchen, Büschel bilden; so finden wir sie prangend in den farbigen Bauerngärten. Das alles durchzukosten, was ›die Nelke‹ sein kann, ist ein Erlebnis, das Jahre beansprucht, eine Neubelebung in jeder Begegnung, eine alte, immer erneuerte Liebe. Ein Reichtum von Kostbarkeiten, deren Gestaltprinzipien wir in uns bewegen können, deren Erscheinungen unser Denken beleben kann.

Die Eibe vor'm Haus

Haben Sie in den letzten Tagen und Wochen die Eibe vor'm Haus gesehen? Es ist ein zarter, anmutiger kleiner Baum mit dunklen, blanken, weichen Nadeln und entzückend geschmückt über und über mit roten Perlen. Nun fällt der Schmuck schon ab, aber als sich die Zier gebildet hat, haben Sie es gesehen? Aus den dunklen Nadel-Vorhängen blickten diese tausend Augen wie unter weichen Wimpern hervor – oder war dies charmante, sanfte Rot das von Lippen, jede Beere ein Kuss? Dichter würden diesen Mund bedichten, der so rein und schüchtern – und zugleich so verführerisch ist.

Würde nicht in der Bibel stehen, dass es der Apfel war, der im Paradies einstmals Eva und Adam verlockt hat, von ihm zu essen, müsste ich annehmen, die Eibe sei es gewesen. Denn so entzückend kann kein Apfel aussehen wie der zarte Schmuck dieser Beeren – und im Innern birgt eine jede den giftigen Kern! Wer von den Menschen könnte anmutiger das Gift verpacken und präsentieren? Ja, man kann sie kosten, die Früchte; fein schmecken sie und süß. Auch die Kinder probieren sie, doch nur mit Herzklopfen, denn sicher haben es ihnen die Eltern verboten. Wer das Süße genießt, hüte sich, den kleinen grünen Kern der leuchtenden Beere zu verschlucken. Besser ist es, sich bei ihrem Rubin-Schimmer zurückzuhalten, die Köstlichkeit nur zu bewundern, die es jeden September ein paar Wochen anzuschauen gibt. Man lasse sich ruhig ein wenig Zeit dabei, denn das grelle, tote Rot der nächsten Ampel wird einen ohnehin auf dem Nachhauseweg aufhalten – ohne diese Begegnung der Anmut.

Vielleicht scheint es dem Leser, weniger der Leserin, übertrieben, so von der Begegnung mit der Eibe zu schwärmen. Möglicherweise haben sie ja bereits ein Rendezvous mit dieser jungen Dame gehabt. Die Hauptsache ist, *dass* eine Begegnung zustande kommt, ein Aufeinandertreffen, ein Angerührtsein, das noch tagelang nachklingt. Können wir dem, was eine solche, einfache Begegnung aussagen mag, Stimme, Inhalt und Leben verleihen? Sind wir's, die allem was wir sehen, allerhand andichten, oder wartet die Eibe nur darauf, dass wir sie, wie auch immer es geschehen mag, bemerken und bewundern?

In vergangenen Zeiten – die Eibe kommt aus dem milden, feuchten Westen – ging ein Zauber von ihr aus, erlebte man an ihrer besonderen Vitalität eine Vermittlung starker Lebenskräfte, schenkten die hellen, zarten Blutströpfchen besonderen Segen, vielleicht verführerische Schönheit, zusammen mit dem Gift in ihrem Kern. Sehen wir, wenn ihre Stunde der Reife im September gekommen ist, die Erfüllung eines Traumes vor uns, der im April geträumt wurde, als die Eibe im Goldstaub ihrer Blüten stand?

Wir brauchen, so schön das sonst ist, nicht weit zu fahren, um Anmut und Schönheit anzutreffen – gleich vor'm Haus steht sie, zu ihrer Zeit, diese oder jene Pflanze, dieser oder jener Ausblick und Anblick.

Wenn wir im Neuen Testament lesen, stoßen wir auf das merkwürdige Wort, dass das Auge der Leuchter, das Licht unseres Organismus sei (Mt 6,22). Wenn freilich Begierde das Schauen trübt, wird es im Innern des Menschen dunkel. Sieht das Auge aber klar, zieht Helligkeit in unser Inneres. So kann man dieses Wort aus der Bergpredigt verstehen. Dabei ist ›Begierde‹ nicht unbedingt als Bosheit gemeint, sondern als Befangenheit durch sich selbst. Wer könnte denn, wenn er nur mit sich selbst beschäftigt ist, die Schönheit der Erscheinungen sehen? Wer nur sich selbst sieht, nur das vor Augen hat, was ihm Wunsch und Mühe, Sorge und Meinung ist, hat er ein offenes, klares, unbefangenes Auge?

Die Seele darf sich von den Bedrückungen, von Ärger und Traurigkeit befreien, wenn sie sich offen an die Schönheit eines Anblicks hingibt, ohne jeden Eigensinn, nur so, zum Dank, zur Helligkeit, aus Andacht und Liebe.

Und wenn es im Herbst des Lebens einen Reichtum gibt, dann ist es der, *solche* Schätze gesammelt zu haben, die niemand uns nehmen kann, auch wenn die Beeren der Eibe herabfallen, auch wenn das Auge trübe wird, auch wenn es keine Gelegenheit mehr geben sollte, vor's Haus zu gehen.

Aber auch bei der Begegnung von Menschen kann der freie, unbefangene Blick, mit etwas Hingabe verbunden, weiterhelfen, kann er bewirken, dass es etwas heller wird, wenn die Tage merklich abnehmen im Herbst.

MICHAELI

Pyrit

Für manchen Betrachter, der vielleicht zum ersten Mal einige dieser scharfkantigen Kristalle mit fast wie poliert erscheinenden Flächen, diese bestechend exakten rechtwinkligen Körper, die Kuben des Pyrit in die Hand bekommen hat, ist es fast unglaublich, dass diese nicht durch Menschenhand bearbeitet, sondern aus einfachen Naturprozessen hervorgegangen sind. Sie kommen an vielen Stellen der Erde vor und sind oder waren oft in Kalkformationen eingelagert. Jetzt liegen sie, blank und gold- oder hell messingglänzend, in unserer Hand oder bilden feinkörnige Schichten im Gestein.

In den Kalkgebirgen zeigen uns Funde die Reste einstiger Meeres-Schalentiere, Kalkformationen, die aus Lebensvorgängen stammen. Die aus organischen Vorgängen gebildeten festen Kalkbestandteile von Muscheln, Ammoniten, Schnecken haben sich in unvorstellbaren Zeiträumen und gewaltigen Mengen abgesetzt und verfestigt. Danach sind sie durch mannigfache Metamorphosen hindurchgegangen und heute als dunklen Kalkschiefer, als Tuff oder neu kristallisiert als Dolomit in den Gebirgen anzutreffen.

Da und dort nun glänzt darin der Pyrit auf. Die Frage drängt sich auf, wie dieses Schwefeleisen dorthin gekommen ist.

Wenn tierisches Leben im urzeitlichen Meer vergangen war, so hatten sich nicht nur feste Bestandteile abgelagert. Teilweise dürften auch die weichen ›Fleisch‹-Reste nicht immer gänzlich zerfallen und aufgelöst worden sein. Geologen nehmen an, dass sich an manchen Stellen, z.B. in allmählich austrocknenden Meeresbuchten der Süßwassermeere, Faulschlämme gebildet haben. Man kann sie sich wie ›Faul-Wunden‹ am Erdorganismus vorstellen,

wie schweflige Pfuhle. Organische Eiweißzusammenset-
zungen entließen im Zerfall stinkende Gase, wie wir sie
heute noch über den Braunkohlegruben riechen können,
wo sich Wasser mit dem frei werdenden Schwefel verbunden hat.

Heute ist die Menge an Schwefelgas, das aus Industrie-
anlagen in den Luftraum ausgestoßen wird, so groß, dass
es keinen natürlichen Ausgleich und keine Entgiftung
mehr geben kann. In den Urzeiten der Erde, als der
Mensch zwar schon an der Entwicklung teilnahm, sich
aber noch nicht in der gegenwärtigen Gestalt verkörperte
und völlig in das Natur-Leben verwoben war, muss es
Prozesse gegeben haben, die Heilung der ›Krankheiten‹
bestimmter Gebiete bewirkten.

Heute noch findet man auf den Meeresböden Eisener-
ze, die wie feinster Staub oder Schlamm abgelagert sind.
Dieser Eisen-Tau, der an manchen Stellen offenbar ab-
bauwürdig ist, muss buchstäblich vom Himmel gefallen
sein.

Es handelt sich dabei nicht um das eigentliche Meteor-
eisen, das in Brocken und Klumpen überall auf der Erde
und im Meer gefunden werden kann, sondern um die
feinsten Staubreste der Sternschnuppenschwärme, die
immerzu, insbesondere aber jedes Jahr von August an auf
den Herbst zu, über der Erde niedergehen. In klaren
Spätsommer-Nächten kann man gelegentlich ein Funken-
sprühen beobachten. Materiell ist es kaum fassbar, stoff-
lich sind die Reste kaum nachweisbar. Und dennoch wird
die Erde immer wieder von diesen feinen Eisenteilchen
imprägniert.

Dies muss in ältesten Zeiten, als sich die Fäulnis des
ersterbenden Meerestier-Lebens geltend machte, eine Art
Reinigung bewirkt haben. Das sozusagen potenzierte Eisen konnte nach und nach den frei werdenden Schwefel
binden; es entstand die Grundlage der Pyrit-Bildungen.

Nicht nur als Substanz wirkte das funkensprühende Eisen aus dem Kosmos wie ein Medikament, es muss auch kosmische Strukturen mit in die chaotisierten Zerfallsprozesse hereingebracht haben. Pyrit findet sich nicht nur in Würfeln, sondern ebenso auch in Petagondodekaedern (Zwölfflächner aus Fünfecken, Pyritoedern) und Oktaedern sowie bisweilen auch in Ikosaedern (Zwanzigflächner aus Dreiecken). – Das sind, wenn auch nicht ideal ausgebildet, gerade diejenigen geometrischen Gestalten, die wir als Platonische Körper kennen. Abgesehen vom Vierflächner, Tetraeder, finden wir alle also im Pyrit vor. Diese geometrischen Körper sind deshalb als die reinsten erkannt worden, weil sie überall gleiche Flächen, Kanten und Winkel aufweisen. Sollte diese Formkraft nicht aus dem Kosmos mit hereingetragen worden sein?

Aber auch in anderen Formen, als sogenannter Markasit, tritt das Schwefeleisen in den Kalkschichten zutage. Es sind flache, radial-strahlige, sonnenartige Gebilde oder kugelige Knollen, deren Struktur von einem Mittelpunkt in alle Richtungen ausstrahlt. Solche Strukturkraft teilte sich ebenfalls heilend den entsprechenden Naturprozessen mit.

Liest man den Pyrit- und Markasit-Vorkommen und -Gestaltungen ab, was sie als ›naturgeschichtliche Dokumente‹ auszusagen haben, so erkennt man, dass sie von einer zu bestimmter Entwicklungszeit eingetretenen Heilung krankhafter Vorgänge zeugen. Man kann, bildhaft ausgedrückt, auch von einer Auseinandersetzung zwischen Zerfall und Reinigung sprechen. In schweflige Fäulnis hat das Sternschnuppen-Eisen, kaum materiell, aber schließlich doch höchst wirksam und massiv, eingeschlagen.

Es muss ein naturgeschichtlicher ›Drachenkampf‹ stattgefunden haben zwischen den die Erde an gewissen Stellen zersetzenden Vorgängen in den Tiefen und den

Eisen sprühenden Gewalten aus den kosmischen Höhen. Im Schwefelpfuhl sich zersetzenden Lebens, womöglich in einer Zeit, in der sich das Trockene vom Wässrigen schied, schlugen Heilkräfte ein in Form feinsten Eisens aus dem Umkreis, Schwertstreiche gegen die Fäulnis.

Der Pyrit im Dolomit, wie er in den Höhen der Alpen im Wallis gefunden werden kann (Farbtafel XIX), dürfte ein Zeugnis davon sein, ein Dokument des Einschlags himmlischen Eisens in irdische Krankheitsvorgänge, der Überwindung des Drachens durch das Schwert des Erzengels.

Der Apfel

Trotz aller Kiwis und Nektarinen, der Apfel bleibt die Frucht aller Früchte. Wenn wir ihn in Händen halten, einer von vielen und einer von vielen verschiedenen Sorten, ist es der Inbegriff eines reichen Herbstes, der Freude an der Gabe des ganzen Jahres. Er hat die Form, die das Wasser am liebsten bildet, die auch die Erde hat: die Form der Kugel.

Der Apfel *ist* die Erde. Ein Symbol dafür war der Reichsapfel in den Händen des Kaisers, ein anderes Symbol, auch in anderem Sinne, der Apfel im Paradies. Mit ihm wurde daran erinnert, dass das Paradies verloren sei und die Erde zum Ort des Menschen werden müsse.

Jedem Apfel ist ein Stern eingeschrieben. Man sollte allemal die Äpfel waagerecht zerschneiden, damit er in der Form des Kerngehäuses zum Vorschein kommt. Das Kinderlied vom ›kleinen Apfel‹ sagt es richtig: Fünf Stübchen sind darin – genau genommen eigentlich zehn, jeweils zwei am Rande jedes Fruchtblatts. Fünf Teile, völlig

Abb. 22. Querschnitt durch den Apfel mit Verdeutlichung der
Fruchtblatt- Abschnitte. Die Kerne sitzen jeweils am Rand der
Fruchblätter.

zusammengewachsen, birgt jeder Apfel in sich, nach innen gewölbt und mit den Kernen versehen (wie die Zeichnung es zeigt).

Dieser verborgene Fünfstern ist wohl ein Geschenk der
Venus. Sie beschreibt am Himmel mit ihrer Bahn einen
Fünfstern, indem sie fünfmal rückläufig ihre Schleifen
zieht, in derselben Reihenfolge, wie wir einen Fünfstern
zeichnen. Dieses Zeichen ist besonders den Rosengewächsen eingeschrieben, zu denen der Apfelbaum gehört,
wie seine Blüten zeigen. Vielleicht ist darum die Rose –
und der Apfel – ein Liebeszeichen, weil Venus sie mit
ihrer Inschrift versehen hat als ein Geschenk an die Erde.

Nach innen also die Kerne im Fünfeck, nach außen die
farbenfrohe Schale, die zugleich auch das beste Aroma
trägt, dazwischen die saftige Fülle des Fruchtfleischs, das
uns die Nahrung gibt, die Süße, das eben den Apfel bildet.
Die Kerne in den Spelzenkapseln stehen mit der Schale im
Gegensatz: Dorthin zieht sich die Frucht zusammen, sie
bilden ihren härtesten Teil. Nach draußen hin ist die Schale
von der Sonne gerötet oder sie ist Gelb mit feurigen Zun-

gen, Flecken, Backen oder Streifen. Außen hat der Apfel sein ›Feuer‹, im Duft, in der Farbe, im Bild.

Die Naturprozesse sind vor allem in dreierlei Weise wirksam: Man hat ihnen im Mittelalter bestimmte Namen gegeben. Was sich in Gestalt zusammenzieht, der die Festigkeit gebende Prozess, nannte man *Sal*. Dieser erfolgt im Apfel bei den Kernen, von wo er die ganze Frucht bestimmt. Außen erscheint das *Sulfurige*, das Feuer – das Lichttragende, was sich als Wärme, als Aroma verströmt. Dazwischen ist die geschwollene, breite Zone, voller Saftigkeit, *Mercuriales* genannt, der kugelige Tropfen … und mehr Äpfel werden zu Saft gepresst und dann zu Apfelwein, als gegessen werden (siehe auch S. 94ff. über das Benediktenkraut).

Leider muss man heutzutage viele Äpfel schälen, wo doch gerade darin die meiste Sonne, der beste Geschmack enthalten ist. Ebenso häufig sieht man auch, dass das Kerngehäuse nicht mitgegessen wird. Schade. Ja, die Kerne sind bitter und die Spelzen hart, aber sind nicht für den Apfel selbst die Kerne das Wichtigste? Wir hingegen werfen sie weg. An den Kernen sieht man, ob der Apfel wirklich reif ist. Dann sind sie dunkelbraun. Was für den Apfelesser, der sich am Saftigen gütlich tut, Abfall ist, das bedeutet eigentlich für die Frucht selbst das Überleben: Schließlich wachsen aus Kernen wieder neue Bäume, die, veredelt, dann wieder die köstlichen Äpfel tragen.

Mag es vielleicht mit diesem Leben, das wir führen, ebenso sein: Wir tun uns gütlich am Saftigen, wir genießen die Frucht, aber doch nicht ganz – und das, was unter Umständen das Wesentliche ist, die bitteren Kerne, das werfen wir weg, halten's für unbrauchbar.

Wer hätte in vergangenen Hungerzeiten je das Kerngehäuse übrig gelassen? Es nährt, auch wenn die Kerne bitter sind … und unter Umständen sind sie doch das Zukünftige und damit das Wichtigste.

Begegnung

Sie sah mich an, regungslos, unverwandt. Schwarz ihre Augen, Rot lag im Blick, sie schimmerte türkisgrün, elegant. Glänzend und unbeweglich blickte sie: Wollte sie verführen? Schaute sie traurig, fragend oder unschuldig? Das blieb ein Rätsel. Etwas von all dem lag darin.

Zuerst meinte ich, allein auf dem hellen Waldweg zu sein. Ich war in das Rascheln unter meinen Füßen vertieft, die ungleichmäßigen Muster des rotbraunen Blätterteppichs hatten mich fasziniert. Es plätscherte um meine Schritte wie Wasser am Strand. So schlurfte ich den Weg entlang. Dann, plötzlich, entdecke ich sie: Da steht sie schweigend am Weg. Ich stocke, halte unwillkürlich an. Sie hat sich, der Saison entsprechend, in mattes Gelb gekleidet, Spuren von altgrünem Muster darauf. Etwas hager wirkt sie, nicht mehr jung, eher verlebt. Sie präsentiert auf violettbraunen Fünfecken ihre kostbaren schwarzen Perlen, jede fast kirschengroß. Ich gehe nicht auf sie zu, kann aber kein Auge von ihr wenden.

Hinter ihr steigt die steinige Böschung der Straße steil an. Kein Wind regt sich um diese Mittagsstunde. Warme Luft umgibt uns. Darin meine ich schweres Parfüm zu riechen, doch es ist ein Irrtum. Und jetzt werden die großen Perlen wieder zu Augen. Als ob sie sie nach vorn strecken könnte: befremdet, nichts Freches dabei – eine Zauberin.

Auf einmal entdecke ich ihren Charme, ihren unvergleichlich aparten Geschmack – von oben bis unten ›durchgestylt‹. Aber ›Geschmack‹ bedeutet nicht, dass ich die dargebotenen Beeren kosten möchte, ich bin irgendwie befangen, habe gewisse Vorurteile bei Damen, die am Wege stehen. Möchte sie denn verführen? Sie ist ganz sie selbst, schaut gleißend und sieht gleißend aus.

Das Blattkleid erinnert im Einzelnen an Tabak, nur ist jedes Blatt kleiner und im oberen Bereich immer ungleich groß gepaart. Giftig ist sie, wie viele ihrer Geschwister, die man alle zusammen ›Nachtschatten‹ nennt.

Viele Jahrhunderte schon verwendete man ein wenig von ihrem Saft, wenn man den Augen besonderen Seelenglanz verleihen wollte. Das Gift bewirkt, dass sich die Pupillen weiten, der Blick des Auges groß und tief wird. Man sagt, wer ihre Perlenfrüchte koste, gebärde sich wie toll, dass ihre Seelenkraft sich in der Vergiftung im unfassbaren Übermaß mitteile: die Tollkirsche.

Aber eigentlich ist sie doch eine bezaubernde Frau: ›Bella Donna‹. Seit die Wälder kranken, treffen wir sie immer häufiger an kahlen Stellen, meist auf kalkigem Grund. Zunächst ein strotzendes Kraut, bis sie zur Blüte kommt: Braun-grünliche haubige Glocken hängen aus den Blattachseln nach unten, unheimlich, melancholisch, als sei der Fluch des Giftes über ihr bemerkbar. Obwohl also die Blüte nach oben aus der Blattachsel herauswächst, duckt sie diese unter das jeweilige Blatt. Am Blattstiel vorbei verbirgt sie die Blütentrichter, jede Blüte im Schatten ihres Blattes. Schließlich aber, wenn die Glocken verfallen, wenden sich die Fruchtstände wieder nach oben und dunkeln. Langsam, über Braunviolett, werden sie schwarz und glänzend. Und wenn sie ausreifen und im Sonnenlicht schimmern, schillern alle Farben verhalten darin und bieten sich dar. Mag sein, dass früher mancher unkundige Wanderer oder ein Kind in spätsommerlicher Wärme durstig nach ihnen gegriffen hat. Heute rührt man ohnehin nichts mehr an, was Natur unmittelbar bietet – eine Entfremdung, die alles ›giftig‹ macht und daher den Charme solchen zauberischen Blicks nicht sehen kann.

Vermag eine Pflanze so viel Anmut und Seele in Geste und Anblick zu haben?

Cyclamen

Der Frühling beginnt im Oktober. Nicht etwa auf der südlichen Hemisphäre, sondern im Süden Europas: auf den südlichen griechischen Inseln, auf Malta, in Portugal. Wenn der sommerliche Hitzebrand alles Leben entweder durchglüht oder vertrocknet oder ihm den notwendigen Wärmeschub vermittelt hat, dann kommt der erste Regen. Ein unsagbares, stilles Aufatmen geht durch die Landschaft. Alle Erde ist gleich wieder trocken, und doch ist alles anders geworden. Noch einmal gehen Regenwolken über das Land und spenden ihren Segen. Kaum sind einige Tage vorüber, zeigt sich erstes Grün, ein zarter Schleier an den Wegrändern, über die kahlen Flächen hin.

Wieder scheint die Sonne tagelang, wenn auch milder. Wer dann unter den Olivenbäumen hindurchgeht, sie tragen ihre Frucht noch lange Wochen, der entdeckt, wie es sich aus hartem, trockenem Erdreich hebt, aus den Mauerritzen der Terrassen hervorwagt, hellrosa, oft fast weiß, auf rötlichem Stängel: fünf graziös nach oben geschwungene Kronblättchen, wie zierlich erhobene Röckchen, die zugleich den grünen Kelch verbergen, der sich glockenartig zur Erde wendet.

Wir kennen es vielleicht aus mitteleuropäischen Gärten, dass im Februar schon erste Schneeglöckchen-Spitzen den Frühling ankündigen. Wir beobachten, wie zwischen Schneeresten, am Rande des kahlen Baumbestands, Blättchen und blütentragende Triebe aus feuchtem Untergrund sprießen. Wie aber kann aus dem harten, kahlen, gänzlich trocken scheinenden Boden solche Grazie entwachsen? Es sind die Alpenveilchen, Cyclamen hederifolium, die aus dicken, erdfarbenen Scheibenknollen hervorgehen. Der Botaniker sagt schlicht: ein Herbstblüher. Da sie aber die Ersten sind von alle denen, die bald danach ihre Blüten öffnen, wäre es vielleicht richtiger zu sagen: Der Frühling beginnt im Oktober.

Während in Nordeuropa die frühlingshafte Blütezeit auf kürzeste Zeit, eher auf Tage als auf Wochen, zusammengedrängt ist und in den mittleren Regionen in lieb gewordener schöner Reihenfolge die Frühlingsboten erscheinen, zieht sich der Frühling im Süden vom Oktober bis Mai hin, mehr als ein halbes Jahr. Und angeführt wird der Reigen, ehe die kleinen Ringelblumen folgen, die Anemonen und Orchideen, überglänzt von den weißen Blüten des Mandelbaums, von den Alpenveilchen, die mit unseren bekannten Veilchen, Viola odorata, botanisch nichts zu tun haben außer etwa durch Ähnlichkeiten in der Blattform, die zwar rundlich, aber völlig anders beschaffen ist.

Cyclamen erscheinen an den uralten grauen Wurzeln der Ölbäume, aus dem Schutt zerfallener Mauern und aus kahlem Boden, völlig schutzlos, ohne Blätter, die sie erst entfalten werden, wenn die Blüten vergangen sind. Während also die kleinen Alpenveilchen ihre grazilen Kronenfähnchen in die Höhe halten, wie sie stehen, in Grüppchen und wie im Reigen, jede einzelne Blüte auf ihrem Stängel in ein wenig anderer Haltung, ist nichts Grünes um sie, das Licht fällt herein, macht ihre Stängel und Krönchen leicht durchscheinend, und es erhebt sich im warmen Wind ein Duft, wie er sonst nirgends vorkommt, unvergleichlich und beseeligend.

Noch eine besondere Zier trägt jedes Blütchen, die man aber nur sieht, wenn man ganz nahe ist. Der untere Rand der Krone hat eine Art Borte, in der sich das Hellrosa des Blattes abwechselnd zu Purpur verdichtet oder ins Weiß aufhellt. Dieser Rand umgibt den Blütengrund, in den man hinaufsehen kann zu Stempel und Staubgefäßen und in dem dunkel der grünliche Kelch durchschimmert. Ist die Blume verblüht, hat sich darin der Fruchtansatz gebildet. Der Stängel ringelt sich auf, rollt sich bis ganz nach unten, um die Frucht schließlich dem Boden zu übergeben.

Lange habe ich sie angeschaut, immer wieder, Tag für Tag, am Vormittag, am Abend, habe immer wieder ihren Duft vernommen, ihre Grazie gesehen. Nach und nach, wie im Widerhall, sah ich sie sich drehen, sah sie tanzen, fühlte ihren lockeren Reigen im Licht. Manches kann man über Elementarwesen lesen, bisweilen werden sie beschrieben oder sogar gemalt. All das hat mich nie überzeugt. Sie sind keine Kinder, höchstens kindlich, sie sind keine Mädchen, die Sylphen, wohl aber anmutig und doch noch viel zierlicher und graziöser als je ein Mädchen sein kann. All den Vorstellungskitsch des Jugendstils oder allerliebster Bilderbücher muss man, glaube ich, vergessen, um diese klare, *sachliche*, von keiner Menschenseele gefühlte ›Seele‹ zu erkennen. Sie können nicht anders wiedergegeben werden als eben in der Gestalt, in der die Blumen erblühen, in der der Duft aufsteigt, der unbeschreiblich zarte und emotionslose. ›Hellsichtigkeit‹ dafür entstammt gesteigerter, genauerer Beobachtung und bedarf keiner anthropomorphen Hinzufügung.

Manchmal, ganz von ferne, erinnern sogar die Alpenveilchen daran, die man bei uns kaufen kann, doch wohl nur die kleinen, auch wenn und obwohl sie schon Blätter haben, die sie wässrig-erdschwer machen. So entsprechen sie nur entfernt ihren Schwestern, die noch ganz aus dem Luftelement im Licht hervorgewachsen sind.

Kastanien

Da kullern sie uns wieder vor die Füße, die herrlichen glanzbraunen, kugeligen Gesellen, die Kastanien. Oben auf den mächtigen Bäumen sind die grünen Stachelhüllen geplatzt und haben sie zu lustigem Sprung oder schwerem Fall freigegeben. Jetzt liegen sie da zwischen dem Laub. Wer von uns hätte sie nicht gerne aufgesammelt: wie sie in der Hand liegen, so hart und weich zugleich, so fest, so ›anwesend‹, so blank und schwer. Man kann sie eigentlich nur sammeln, weiter kann man nichts mit ihnen anfangen, aber das genügt schon. Längst gibt es keinen Förster mehr, der sie an die Tiere im Wald verfüttert, und nur die kleinen, eifrigen Kindergartenkinder reiben die Kastanien und ›kochen‹ damit.

Die Bäume der Rosskastanie wachsen bei den Menschen. Im Wald finden wir sie nicht. In langen Alleen stehen sie und in Parks, Biergärten lieben sie besonders. Das saftige Laub, das strotzende, schattige Grün, die oftmals schwungvoll gedrehten Stämme mit dem weichen, feuchten Holz, das lädt ein, unter ihnen einzukehren und zu trinken.

Jetzt aber haben die Blätter schon herbstlich gelbbraune Ränder bekommen. Unten liegen die stacheligen Schalen der Früchte und zeigen, wenn sie frisch sind, das weiße ›Bettzeug‹, in dem die Kastanien geruht haben und herangereift sind. Prächtig, wenn wir sie in Händen liegen sehen oder in einem Korb: eine gute Ernte, ein festliches Geschenk.

Bevor die Kastanien abgefallen sind, haben wir den Sommer über die grünen Kugeln schwellen sehen: Woche für Woche wurden sie dicker, bis sie genügend Wärme aufgenommen hatten und aufzuspringen begannen. Da und dort blinzelte schon eine Kastanie hervor. Auch gab es dazwischen eine Zeit, in der die kleinen grünen Kügelchen, die unbefruchteten, unten lagen und die Jungen zu Werfereien verführten.

Würden wir, wenn wir's nicht beobachtet hätten, im bloßen Betrachten den braunen, glänzenden Früchten ansehen, dass sie in den Blütenkerzen verborgen waren, die im Mai die Bäume herrlich geziert haben? Wohl kaum. Ja es fällt schwer, uns daran zu erinnern, wie festlich es aussah, als die Alleen zum Frühlingseinzug mit Pyramiden weißer Blütenstände prangten. Und betrachteten wir sie, was nicht einfach ist, aus der Nähe, so waren wir verwundert über so viel zarte Künstlichkeit: wie jede Einzelne der Blüten gestaltet ist, gelblich oder rötlich im weißen, vielgestaltigen Kelch und der Zier der feinen Staubgefäße. Paradiesisch sah es aus im Fest des Frühlings. Und jetzt? Nichts bleib davon. Oben hängen die schweren Früchte und prasseln im Herbstwind nieder, jede zu ihrer Zeit.

Wie oft kullern uns die Ereignisse unseres Lebens vor die Füße! Wo kommen sie her? Wir wissen es nicht. Mit einem Male sind sie da: Ob lustig oder schwer, ob sie knallen, klacken oder rollen, sie sind einfach da, ob wir wollen oder nicht. Man spricht dann von ›Fakten‹. Oder man nennt's ›Zufall‹, weil es uns zufällt. Oder ist es Schicksal?

Da sind sie – jede ein ›Fall‹ für sich. Und ›auf alle Fälle‹ mögen wir nun darauf eingestellt sein oder nicht – es fällt uns schwer zu bedenken, dass auch diese herangereift sind, ehe sie fielen und zu ›Fällen‹ wurden. Einmal haben sie – vielleicht am Baum des Lebens – ihre Zeit gebraucht, um allmählich heranzureifen. Einmal war da ein wunderbarer Blütenstand, ein Traum noch, von dem man nicht wusste, was daraus werden würde. Könnten wir uns doch auf die Sphäre oder die Zeiten besinnen, als alles noch in Blüte stand und noch nichts herangereift war. Wir haben da meist eine große Gedächtnislücke, erinnern uns keineswegs an diese ganz anderen Zustände eines Daseins vor dem Erdenleben. Doch durch die Kastanien könnten wir darauf kommen, zu überlegen, ob es bei uns nicht ebenso war und ist …

Einmal im Herbst …

Zum Lob der Farbe Braun

Das Blätterdach über dem Waldweg ist schon schütter geworden, durch das Geäst schimmert ein milchiger Himmel, in dem die milde Sonne schwimmt. Am Boden sind Teppiche gebreitet, gelbbraun und rötlich in Unzahl die Blätter, geheimnisvolle Muster. In Gelb und Gold, in Rot und Braun waren die Wälder geflammt, ein stilles, kühles Feuer, bis das Laub im Wind oder im Frost abfiel wie Asche und nun den Boden bedeckt, bis es vergeht.

Und überall ist's anders. Wo der Bergahorn im Wald wächst, wird der Boden dunkel-, fast schwarzbraun, die Eichen geben ihr fahlbraunes Laub erst später und auch nur allmählich ab, während die Blätter der Eschen noch lange grüngelb bleiben und erst langsam am Boden ins Olivbraun ermüden. In den Alleen und Parks finden wir unter den Platanen das Zackenmuster ihrer Blätter in allen Schattierungen von Braungold, Fahlgrün und Ocker, und die Reste des leicht zerfallenden Kastanienlaubes sind orangebraun gekräuselt. Doch besonders feierlich ist der Buchenwald: Zwischen den hellgrauen Säulen ist überall, in Mulden und Wellen, das Rotbraun gebreitet, so weit das Auge reicht, eine weich gezeichnete Decke. Jedes Blatt wölbt sich einzeln nach oben, Schattierungen entstehen, windbestimmte Wirbel oder feuchtere Glätten, dort schraffiert und anderswo heller getupft. Und all das in unendlich vielfältigen Abwandlungen von Braun.

Treten wir heraus aus dem ›Umbra‹, dem Schatten-braun, das sich lichtet, so liegt die Erde umgepflügt: Schollen des Ackers in Lehmfarbe, in sandigem, tonigem oder kalkigem Braun. Oder, im Rückblick, das Fell der Tiere: Das Eichhörnchen huschte in rostrot-braunem Pelz über die Äste, ein anderes hatte ein dunkel-grau-braunes Kleid. Irgendwo ein Reh, auf der Koppel die Pferde, die braungefleckten Rinder auf der Weide ... Im-mer wieder viele Abtönungen *einer* Farbe, für die wir eben leider nur einen Namen haben. Wenn wir dies alles doch malen könnten!

Wer hat es versucht, in Farbenmischungen selbst auf das Braun zu kommen? Von Tiegeln, Stiften und Kreiden in Braun kann man nie genug verschiedene Töne haben. Braun aus Grundfarben anzumischen ist nicht so leicht wie etwa Orange oder Grün, denn zum Braun gehören immer *drei* Farben: Blau, Rot und Gelb in verschiedenster Mischung. Nehmen wir zum Beispiel gelbe und rote Töne, bedarf es der Komplementärfarbe Blau zum ent-standenen Orange, und zum Blau-Rot, dem Violett, ge-hört das Gelb. Naturgemäß können aus drei Grundfar-ben mehr Variationen als aus zweien entstehen; es werden aus den reinen Spektralfarben irdisch getrübte Töne, wenn die jeweilige Gegenfarbe hinzugemischt wird.

Betrachten wir, nach allen uns bekannten Farbenleh-ren, die Grundfarben Blau, Rot und Gelb als Ausgang aller Möglichkeiten, so werden sie im Braun vereint, wenn auch immer mit unterschiedlichem Anteil:

Das *Blau* als Tiefenfarbe, als aufgelichtete Finsternis, als
  Symbol des allumfassenden Weltengrundes,
das *Rot* als Farbe der Aktivität, als schaffende Weltenwär-
  me und Charakterisierung des schöpferischen Welt-
  prinzips,
das *Gelb* als Offenbarungsglanz.

In der Einheit der drei ist also die Dreieinigkeit – und zugleich die Einheit der braunen Erde, von der alles am Ende wieder aufgenommen wird, was vergeht.

Die Wüsten der Erde tragen das braune Kleid der Einsamkeit des Eremiten: seien es Felsformationen oder Sanddünen der Sahara, der Wüste Gobi, der Weiten Australiens, oder oben am hohen Vulkan auf Teneriffa die bizarren Kolosse der Gesteinsbrocken. Braun ist dort eines, ist Tod.

Wer je einmal in den Braunkohletagebau gekommen ist, hat das große Braun bewundert: Holz und Farn, Blatt und Frucht, Tier und Pflanze sind im Vergehen in das Braun der Erde hineingenommen worden. Vielfältig zeichnen sich die Formen allen Lebens aus vergangenen Erdzeitaltern ab, nur da und dort unterbrochen vom schillernden Glanz der Käferflügel, die in allen Farben irisieren.

Umfassende Vereinigung im Herbst: Samenstände von Kräutern, von Distel wie Hirteltäschel, von Ringelblume und Chrysanthemen, alles wird fahl und schließlich im Tode braun, zu Asche im Zerfall, im Übergang zur Erde. Und wie herrlich wird diese dann: Waldboden oder Torf, Komposterde, woraus die Vielfalt aller Pflanzenformen und -farben neu hervorgehen kann.

Erde, du eine, Vereinigung aller Vielfalt! In deinem Braun finden sich Weltengrund, Schöpferkraft und Offenbarung wieder zusammen, die aus dem Einen stammen.

Efeu

Zwei ganz verschiedene Blätter von *einem* Baum oder Strauch? Das eine Blatt stark geteilt, stark geädert, mit einer Fünfstern-Symmetrie, das andere mit leicht geschweiften Rändern, wie eine grüne Kerzenflamme ... beide vom Efeu.

An alten Mauerresten klettert er am liebsten empor. Seine Zweige oder Ranken haben Haftwurzeln, die sich überall an Mauerritzen oder an den Rinden der Bäume anklammern können. Wo etwas alt ist, überzieht es der Efeu mit immergrünen Blättern, denen weder die Hitze südlicher Länder noch der Frost im Norden etwas anhaben können. Auch den Boden bedeckt er. Dann bekommen seine Triebe richtige Wurzeln. Lieber aber steigt er, da er nicht sich selber aufrichten kann, an Bäumen oder Felsen hinauf. Sein Laub ist feierlich dunkel, oft glänzend glatt und schön gezeichnet.

Doch warum zweierlei Blätter? Andere Bäume oder Sträucher weisen noch viel mehr Variationen auf. Es gibt zum Beispiel verschiedenste Ahornblätter, doch diese wachsen an Bäumen unterschiedlichster Arten. Vom Efeu gibt es jedoch nur eine einzige Art, Hédera helix, und an dieser kann man zwei verschiedene Triebe erkennen: Die Äste der jüngeren, unteren Triebe bilden die Haftwurzeln aus. Wenn die Pflanze älter wird – und sie kann tausend Jahre alt werden –, dann richtet sie sich mit einem Male auf, die Blätter werden flammig, die Wurzeln gibt es nicht mehr und zuletzt bilden sich die Blüten.

Erst im Oktober – vielleicht als letzte Pflanze von allen bei uns – blüht der Efeu: Büschel von gelbgrünen Blütchen, mit kleinsten hellgrünen Blütenblättern, fünf an der Zahl, und kleinen Staubgefäßen, die einen herbsüßen Geruch ausströmen. Es braucht den ganzen Winter, bis sich Beeren bilden; erst sind sie grün, dann werden sie allmählich blauschwarz.

Dort also, bei den Blüten, finden wir die flammengleichen Blätter, die sozusagen nach oben lodern, um die Blüten herum. Unten dagegen, die Mauern oder den Boden bedeckend, finden sich die stark geformten, sternigen, geometrischen Blätter, vielgestaltig, aber stark geprägt. Sie sind den festen Erd- oder Kristallformen verwandt.

Auf einer alten Burg – sie ist schon seit Hunderten von Jahren zerstört, in Schutt und Trümmer gefallen – wohnen keine Menschen mehr. Die einst dort gelebt haben, sind längst gestorben oder in die Fremde gezogen. Dort oben gab es einen neuen Burgherrn: Ich will ihn Graf Efeu nennen. Er hat von dem Ort Besitz ergriffen, hat sich zwischen den Grundfelsen verwurzelt, ist aufgestiegen an den Mauerresten, hat aus den leeren Fenstern in die Weite geschaut. Das Tote und Zerfallene hat er mit neuem Leben erfüllt: Sommers wie winters prangt sattes Grün in feierlicher Pracht. Der mächtige Burgherr erlaubt kaum den kleinen Glockenblumen oben auf den Mauern und den Brennnesseln in den Ecken ihr kümmerliches Dasein, er herrscht. Und wo sich inmitten der Burg ein Bergahorn emporreckt, ein stattlicher Baum, muss er dem Hausherrn Gelegenheit bieten, ebenfalls aufzusteigen und einen ›Baum im Baum‹ zu bilden. Nur auf einer Seite der Außenwand der Burgruine belagert ein wilder Wein eine Steilwand.

Als die Bäume ringsum im Herbst zu flammen begannen in stillem Feuer, die Buchen golden standen und die Eichenblätter braun wurden, da rüstete der wilde Wein zum Kampf: Seine Blätter wurden feurig und von einer Seite sah es von ferne so aus, als brenne die Burg. Nein, es war kein Kriegs- oder Kampfesfeuer, es war die Schönheit, die sich entzündet hatte: ein Dankes- und Liebesfeu-

Abb. 23. Zwei Efeublätter, links vom Blütentrieb,
rechts vom Wurzeltrieb.

er an die Sonne, die den ganzen Sommer über so viel
Wärme und Licht dem Wein geschenkt hatte. Es war, als
wären festliche Fahnen gehisst worden, die zum Herbst-
fest luden. Aber wer hatte dort oben wirklich den Tisch
gedeckt?

Es war der Efeu, der Burgherr. Überall hatte er Büschel
aufgestellt von grüngelben Blüten. Während alle Blumen
rings im Land längst verwelkt waren und die Wiesen fahl
standen, gab es dort Nektar in Fülle. Und von weither
kamen die beflügelten Gäste herangeschwirrt: gierige
Wespen und unstete Fliegen. Vor allem brummte es von
den gefährlichen, bewehrten Hornissen, die von Blüte zu
Blüte, wie von Tisch zu Tisch, sich Platz verschafften, um
zu speisen. Mit starken Fühlern und festen Fresszangen
sogen sie den reichlich dargebotenen Saft auf. Auch Bienen waren eingeladen, die summten emsig herum und
trugen noch die letzten Reste als Wintervorrat nach Hause in ihre Bienenstöcke.

Weit edlere Gäste waren, wenn auch nicht ganz so zahlreich, erschienen: Pfauenaugen, die herrlichen, vornehmen Falter, und Admirale, die Schmetterlinge mit den rot-weißen Bändern, ließen sich nicht vom Brummen stören, von der Hast und der Gier, mit der die Wespen mit den Hornissen zu wetteifern suchten. ›Admiral‹, das ist zwar ein Name, ein Titel, den Flottenbefehlshaber tragen, aber eigentlich drückt er aus, dass man ihn ›bewundert‹. Es steckt sogar das ›Mirakel‹, das Wunder in seinem Namen. Und wirklich, es ist wunderbar, wenn zahlreiche Edle sich sanft an den herbstlichen Blütentischen laben, im Sonnenschein gelegentlich die Flügel ausbreiten, sie dann wieder zusammenfalten wie ein kostbares Tuch. Und daneben auch noch weitere Schmetterlinge: Distelfalter und Füchse, wie man sie nennt, die beide kleiner sind als die Falter vom Hochadel, bunter und lustiger. Und dann gab es, wenn man lange und sorgfältig das Schauspiel in der Herbstsonne betrachtete, den seltensten Gast zu sehen: den Trauermantel. Ein Schmetterling, der ein samtiges Braunschwarz trägt, mit einem gelb-weißlichen Rand geschmückt.

Eilig und heilig ging's zu auf der Burg! Eilig die Fliegen, heilig die feierlichen Falter. Doch alle hatten genug, und es stieg der Duft auf in die herbstliche Luft über dem letzten großen Fest des Jahres, ehe der Frost kommt – ein wunderbares Abschiedsfest. Das hatte der Efeu bereitet. Menschen waren nicht dabei, nur diejenigen, die es still belauscht und beobachtet hatten. Denen war es hernach wie ein Traum, weil so viele Schmetterlinge, aber auch so viele bewehrte Hornissen sonst nirgendwo anzutreffen sind.

Wenn irgendwo ein unschöner Drahtzaun die Grundstücke teilt oder ein Trümmerhaufen lange liegt, dann macht sich der Efeu daran, sie mit seinen Ranken schön zu gestalten. Die Dichter trugen in früheren Zeiten Efeukränze, weil auch sie das Unedle ergreifen und erheben, das Kahle beleben und die alte Vergänglichkeit immergrün verewigen wollten. Sie laden uns dann zum köstlichen Fest, dass wir, als die gerufenen Gäste, uns an ihrer Poesie nähren wie die Insekten und Falter am reichlich gedeckten Tisch des Burgherrn Efeu oben auf dem Berge.

Die Krähen kommen über uns

Während man in den Hinterhöfen und Gärten der dicht gedrängten Großstadt-Häuserzeilen vor wenigen Jahren noch das Rotkehlchen singen hörte, wo Hausrotschwänzchen und manchmal eine Grasmücke heimisch waren, ja, wo von den städtischen Parks herüber noch die Nachtigall zu hören war, muss man nun wochenlang den Sommer über das Kreischen der Krähen hören. Selbst die Spatzen auf den Dächern sind weniger geworden und sogar die Tauben wurden seltener. An den Sommerabenden erscholl stundenlang der verzweifelte Warnruf und das Geschimpfe der Amseln, die ihre Nester und ihre Brut nicht verteidigen konnten. Die großen, schwarzen Krähen sind über uns gekommen.

Die Singvögel, Meisen, Rotschwänzchen und viele mehr, hatten bei zunehmendem Verkehr, Lärm und schlechter werdender Luft immer noch eine gewisse Zufluchtstätte in den Gärten hinter'm Haus gefunden. Dort wachsen ja noch Bäume, und Ziersträucher und Gebüsche geben Gelegenheit zum Nisten. Nach und nach aber haben sich allein die robusteren Arten durchgesetzt: die Spatzen und Amseln zunächst, dann kamen ein paar Jahre lang immer mehr Eichelhäher, die man an ihrem Gekecker und ihrem farbigen Federkleid erkennen konnte. Dann nahmen, während immer seltener Singvögel zu hören und zu sehen waren, die Elstern überhand. Schließlich bekamen die Krähen die Oberhand, raubten stärker noch als ihre Vorgänger die Nester aus, und sie taten es gründlicher als die Eichhörnchen, die sich während all dieser Jahre etwa gleich hielten und denen die Sänger nicht weichen mussten.

Vor etwas mehr als einhundert Jahren wurde das Epoche machende Werk von Charles Darwin ›Die Entstehung der Arten‹ überall bekannt. Darwin war von den Erfahrungen seines Nachbarn, eines Rinderzüchters, ausgegangen, der seine ›besten‹ Tiere zur Weiterzucht aussuchte und so immer stärkere, ›tüchtigere‹ Tiere erhielt. Darwin kam zu dem Ergebnis, dass es in der Natur eine Art »natürliche Zuchtwahl« gibt, d.h. dass sich die Stärkeren gegenüber den Schwächeren durchsetzen. Gewiss war sein Fleiß als Naturforscher großartig, auch war es bahnbrechend, dass er überhaupt eine Entwicklung der Arten in der Natur entdeckt hatte, doch die Einseitigkeit seiner Theorie, ausschließlich die Vererbung einerseits und die Umweltfaktoren andererseits hätten die Entwicklung bewirkt, hat sich für die Menschheit mittlerweile als Katastrophe herausgestellt.

Das vierte Buch in seinem Werk ›Die Entstehung der Arten‹ ist überschrieben: »Natürliche Zuchtwahl oder das Überleben des Tüchtigsten«. Zwar wurden zu Darwins Zeiten auch Ergebnisse von Forschungen des Russen Kropotkin bekannt, die vom »Prinzip der gegenseitigen Hilfe in der Natur« berichteten, allein die einfache Theorie der Ausschließlichkeit von Mutation und Selektion (zufälliger Veränderung der Erbanlagen und Bewährung unter den Faktoren der Umwelt) setzte sich im naturwissenschaftlichen Weltbild überwältigend durch.

Wir sind uns mit Grauen dessen bewusst, dass die Nationalsozialisten mit dieser Theorie bitteren Ernst machten: ›Blut und Boden‹ nannten sie, was bei Darwin Vererbung und Umwelt hieß. Danach hielten sie die ›arische‹ Rasse und in dieser die Germanen für die ›Tüchtigsten‹ und setzten sich auf ihre Art gegenüber den ›Minderwertigen‹ durch. Mit Entsetzen blickt man aus dem heutigen bürgerlichen Bewusstsein auf die geschichtliche Katastrophe hin, die solche Denkungsart über die Menschheit gebracht hat – und macht einfach weiter so. Heute setzt sich der ›Tüchtigste‹ gegenüber dem Schwachen durch, indem dieser Tüchtigste seine Ellenbogen betätigt – durchaus auch mit Eleganz (er ist auch darin der Tüchtigste), doch vor allem mit Hilfe des Kapitals, das zur Verfügung steht …

Tief eingewurzelt hat sich unter uns Menschen die Gesinnung: Warum den Schwachen helfen? Von denen gibt es genug, die sollten nicht mehr werden. Nur wer erfolgreich ist – in sozial-natürlicher Zuchtwahl –, soll auch die Früchte ernten. Die Frage wie und auf wessen Kosten ist zweitrangig.

Wenn ein Jahrhundert lang so gedacht wird, werden Theorien Wirklichkeit, nicht nur unter Menschen, sondern auch da, wo die menschennahe Natur vom Denken geprägt wird. Es werden die Bedingungen unter den Menschen geschaffen, die es ermöglichen, dass sich die ›Tüchtigsten‹, die Stärksten durchsetzen.

So sind die Krähen über uns gekommen. Sie sind robust und intelligent. Die merken sich, wo es etwas zu holen gibt, die prägen sich ein, wo Gefahr lauert. Sie haben mehr Gedächtnis als die dummen Spatzen, mehr als die arglosen Rotkehlchen oder die lustigen, listig-unschuldigen Meisen. Die Krähen sind zwar langsamer, aber umso größer und stärker selbst als die Eichelhäher oder gar die Amseln.

In den Städten konnten zunächst die überleben, die größer waren: Amseln und Tauben, jetzt aber geht es selbst ihnen an den Kragen. Der überall vorhandene Abfall der Großstadtgesellschaft gibt den starken und großen Vögeln Überfluss an Nahrung: Die Papierkörbe in den Parks und auf den nachmittags verlassenen Schulhöfen werden durchwühlt, die Mülldeponien durchstöbert, die sich an den Rändern der Stadt befinden. Die Krähen kommen über uns und verwirklichen, was als Gedanke gefunden, millionenfach gelehrt, politisch durchgesetzt und zur Gesinnung geworden ist. Nun ist es Lebenstatsache.

Menschliches Denken ist ›Natur‹ geworden. Zwar wäre es töricht, anzunehmen, dass »natürliche Zuchtwahl« nicht auch schon immer im Leben der Natur wirksam war, doch durchaus nicht in Ausschließlichkeit. Ein Prinzip hat seine Gültigkeit, doch wird es allein und einseitig angewendet, wirkt es sich als ›böse‹ aus.

Den Schwachen helfen, den Armen beistehen, sich als ›Tüchtiger‹ nicht auf Kosten der anderen durchsetzen, das ist doch die eigentlich christliche Aufgabe. Das heißt nicht, dass einer nicht tüchtig sein soll, zumal dieses Wort von ›Tugend‹ abgeleitet ist.

Die Armut und das Elend nehmen weltweit zu. Wirtschaftlicher Konkurrenzkampf ist der einzige Antrieb des menschlichen Handelns. Wenn wir auf das Gekrächze der Krähen hören, schon morgens bei Sonnenaufgang, möge es uns mahnend in den Ohren liegen, heute ›tüchtig‹ zu sein, um dem Schwachen, dem Unschuldigen, dem Ungewandten, dem Armen beizustehen, nicht wieder mit den Mitteln des ›Kampfes ums Dasein‹, sondern mit der Kraft des Herzens und vor allem mit praktischem Sinn. Wenn das nicht nur ein freundlicher Gedanke bleibt, sondern Wirklichkeit wird, dann werden auch die Krähen wieder weniger und das Rotkehlchen singt wieder. Wird das so sein?

Drei Schalen um den Kern

Wenn im Laufe des Jahres die Walnüsse an den Bäumen wachsen, so sehen wir sie, längst bevor sie reif sind, als grüne Kugeln an den Astspitzen, umgeben von großen, kräftigen Blättern. Im September dann, wenn es trocken und sonnig ist, platzen die grünen dicken Schalen auf und die harten Nüsse fallen heraus. Diese lesen wir dann auf. Sie zu knacken ist nicht ganz einfach, die schön gewölbte Schale ist aus hartem Material. Zu Hause hat man extra ein Gerät dafür, den Nussknacker. Manche Walnüsse sind jedoch so dünnschalig, dass wir sie mit den Händen aufdrücken können, ohne dass der Kern beschädigt wird. Manchmal bleibt auch die eine der Halbschalen unversehrt oder alle beide, wie Schiffchen sehen sie aus. Wenn die Nüsse noch frisch sind und etwas feucht, dann löst sich auch im Innern vom weißen Nusskern die dünne, gelb-bräunliche Haut.

Wir unterscheiden die grüne dicke Schale, die am Baum aufplatzt, manchmal mit herunterfällt und schwarz wird, die harte eigentliche Nussschale und die feine, oft etwas bittere Haut um den Kern.

Ähnliches können wir bei den Mandeln beobachten, obwohl diese einer ganz anderen Baumart angehören. Die harte Mandel umschließt zunächst eine samtige Hülle. Meist platzt sie auf, wenn die Reifezeit gekommen ist. Grün, dann grau-schwarz, manchmal mit rotbraunen Stellen, so sehen wir sie zwischen den vielen schmalen Blättern am Mandelbaum. Dann fällt die gelbbraune Mandel herunter oder man schlägt sie zur Erntezeit mit langen Stangen herab. Nach dem Sammeln müssen wir sie knacken, das schafft bei manchen Sorten sogar der Nussknacker kaum.

Hat man die Mandeln aufgeschlagen, kommen die eigentlichen Mandelkerne zum Vorschein, die noch von einer dünnen braunen Haut umgeben sind. Beim Backen und fürs Marzipan wird auch diese Hülle noch entfernt.

In einigen Gegenden Süddeutschlands, im Schwarzwald und im Odenwald etwa, finden wir die mächtigen Esskastanienbäume, die in manchen Jahren reichlich tragen. Die Esskastanien lassen von ihren Zweigspitzen die grünbraunen Stachelkugeln fallen. Diese ›Igel‹ springen zuerst ein wenig auf, und die mahagonifarbenen Kastanien blicken heraus. Bald aber öffnet sich die Stachelschale, indem sie trocknet, und lässt die glatten, herz- oder tropfenförmigen Früchte frei. Um diese zu schälen, genügt ein Messer. Hat man aber die braune Hülle weggenommen oder ist sie beim Rösten abgesprungen, findet sich noch eine weitere dünn-faserige Haut: Auch die Maronen haben drei Hüllen um den Kern.

Betrachten wir aber noch eine weitere Nussfrucht, die Buchecker. Meist hängen die kleinen Kapseln, außen auch ein wenig stumpf-stachlig, noch am Baum, wenn sie aufplatzen. Die dreikantigen, spitzen Bucheckern regnen herunter. In manchen Jahren ist der Boden davon bedeckt, und in jeder solchen Hülse findet sich ein spitzer Kern, der ebenfalls mit einer zarten Haut umkleidet ist. Ebensolches könnten wir bei den Eichen, den Rosskastanien und manchen anderen unserer großen Baumbrüder beobachten. Aber was hat es für eine Bewandtnis damit?

Die erste, äußerste Hülle, zunächst grün wie die Blätter, bildet einen Umkreis. Sie ist die eigentliche Frucht. Samtig oder stachelig, fleischig, jedenfalls am deutlichsten zum Baum und zum Blatt gehörig. Dann kommt die braune Schale, in der sich die Nuss, Mandel oder Kastanie vom Baum löst. So heben wir die Früchte (oder das Innere der Frucht) auf. Den uns bekannten Charakter bestimmt diese holzig-harte Schale.

Als drittes, wenn die Schale offen ist und von uns oft

nicht weiter beachtet wird, findet sich die dünne, bräunliche Hülle direkt um den weißen Kern.

»Gott schenkt die Nüsse, aber er knackt sie nicht auf.« Das Schenken übernimmt der Baum, dabei ist die Geschenk-Verpackung, die erste Schale, für uns keineswegs einladend, wenn wir an die Stachel-Igel der Kastanie denken, und auch die grünen Nuss-Hüllen fassen wir tunlichst nicht an, weil ihr Farbstoff die Finger bräunt. Sie gehört zur Herkunft, zur Vergangenheit, zum Träger der Nüsse.

Die zweite Hülle ist die härteste. Darin hält sich die Nuss. Darin zeigt sie ihren von der Herkunft nicht mehr abhängigen Charakter. Darin fällt sie, wenn der Mensch sie nicht beachtet, in die Erde und trägt das neue Leben, den neuen Baum in die Zukunft. Das Innere wiederum wird von der zarten Haut beschützt.

Wenn Goethe dichtet:

> Natur hat weder Kern
> Noch Schale,
> Alles ist sie mit einem Male;
> Dich prüfe du nur allermeist,
> Ob du Kern oder Schale seist,[24]

so ist damit nicht der Aufbau der Frucht gemeint, denn den kannte Goethe selbstverständlich auch. Er wandte sich nur dagegen, dass man hinter dem Naturphänomen noch etwas ›Verborgenes‹ suchte, in das zu dringen einem unmöglich sei.

So wollen wir nicht ›hinter‹ der dreifachen Hülle um die Kerne der Nussfrüchte irgend etwas suchen. Alles spricht für sich selber – sichtbar. Und dennoch weist der Aufbau auf etwas hin, das ebenfalls zu ›sehen‹ ist, nur nicht so einfach wie bei den Nüssen, wenn wir sie knacken.

Menschen ›knackt‹ man nicht, sie schließen sich selbst auf – oder auch nicht. Aber wir können, ehe wir auf den Kern stoßen, auch beim Menschen drei Hüllen unterscheiden: In ihrem Äußeren, der Gestalt und dem Aussehen nach, entsprechen sie ihrer familiären Herkunft. Die zweite ›Schale‹, mit der wir es nach einiger Bekanntheit und Kenntnis zu tun haben, bleibt lange das, wo wir nicht hineinschauen können. Diese zweite Hülle bestimmt den individuellen Charakter innerhalb einer gewissen Erscheinungsform. Die zarte Hülle innen um den Kern, bei den Nussfrüchten kaum noch sichtbar, ist jedenfalls das Feinste, das uns am Menschen kennen zu lernen möglich ist, ehe sein eigentlicher ›Kern‹ beginnt. Mit dem Ersten finden wir uns ab. Mit dem Zweiten gehen wir um, zum Dritten dringen wir nicht leicht vor, – erst der Kern aber ist er selbst.

»Vom Hölzchen auf's Stöckchen ...«

Mit dieser Redensart bezeichnete man eine Rede, die sich ›vom Hundertsten ins Tausendste‹ verlor. Wenn die Menge der Einzelheiten gegenüber dem Gesamten so weit geht, dass der Zusammenhang zerfällt, hört ein biologisches wie auch ein seelisch-geistiges Leben auf.

»Vom Hölzchen auf's Stöckchen« – so macht es aber jeder Baum: Der Stamm ist das Eine, nach oben verzweigt er sich immer mehr und vielfältiger, bis *ein* Stamm in vielen tausend Blättern endet. Aber er endet eben so, dass gerade der Zusammenhang nicht reißt, sondern im Gleichgewicht bleibt zwischen dem *einen* und dem *vielen*. Ebenso verzweigt sich der Baum unterhalb der Erdoberfläche in die Wurzeln. Auch da muss ein Gleichgewicht bestehen bleiben, um den Organismus am Leben zu erhalten. Die Bäume machen es uns vor: Aus der tausendfachen Vielfalt steigt es von unten auf in den *einen* Stamm, um sich wiederum weiter nach oben in die ›Zerstreuung‹ aufzugliedern, von wo die Substanzen der Assimilation wiederum heruntergeführt werden in den *einen* Stamm.

Wir als Menschen haben heute eine sich immer weiter steigernde Möglichkeit zur Vervielfachung, zur Vermehrung der Gedanken: Datenbanken, Computerspeicher sammeln so viele Einzelheiten, dass kein Mensch in der Lage wäre, dergleichen noch zu überschauen. In Großbetrieben gibt es heute keine Führenden mehr, von denen einer allein den ganzen komplexen Zusammenhang überschauen würde. So entsteht die Frage, ob der Zusammenhang im organischen Sinne eigentlich überhaupt noch vorhanden ist.

Im Bewusstsein des Einzelmenschen tritt heute immer mehr das Problem auf, sich angesichts der Überfülle an Informationen, Gedanken und Denkmöglichkeiten als *eines* zu halten. Zu dem *einen* zusammenzufinden, sich zu ›sammeln‹, zu konzentrieren, fällt immer schwerer.

Der Mensch ist seiner Natur nach so organisiert, dass er im Kopf ›eins‹ ist und sich in den Gliedmaßen, bis zu Fingern und Zehen hin, immer mehr vervielfacht. *Ein* Haupt, aber zwanzig ›Extremitäten‹. Umgekehrt hat er in Gedanken die Vielfalt und sollte im Willen den *einen* verwirklichen.

In der Offenbarung des Johannes (12) wird der Drache so geschildert, dass er »sieben Häupter und zehn Hörner« hat, d.h. er ist im oberen Pol, in dem der Mensch eine Einheit ist, aufgegliedert. Dagegen hat er *einen* Schwanz (von Klauen ist nicht die Rede), er ist also unten eine Einheit. So stellt er ein Gegenbild des Menschen dar.

Wenn wir auf einer ›einfältigen‹ Entwicklungsstufe stehen blieben, würden wir das Menschsein in seiner Vielfältigkeit, in seinen mannigfachen Möglichkeiten nicht entfalten. Wird jedoch dieses Vielerlei bis zum Zerfall getrieben, hört das Menschsein auf, das sich erst im *einen,* dem Ich, zusammenfasst. Um uns wieder im Stamm zu finden, bedarf es der Übung. Das Gebet ist eine solche. In einem Gebet muss ›Einfalt‹ wieder entstehen. Gerade wenn wir uns in vielfältiger Erkenntnis Tiefe und Reichweite eines Textes erarbeitet haben, benötigen wir, dass all diese verzweigten – und möglicherweise ›verzwickten‹ – Gedanken oder Theorien wieder zusammenschmelzen in einen Grundakkord.

Bestimmte heilige Texte, wie zum Beispiel die Zehn Gebote oder auch das christliche Bekenntnis, gehen von dem *einen* Gott aus. Dort ist der ›Stamm‹. Die Zehn Gebote münden am Ende in »… alles, was sein ist«, in die Vielheit. Auch das Bekenntnis richtet den Blick zum Ende auf »sie« alle und ihr »für die Ewigkeit bestimmtes Leben« und damit in die Fülle. Das Gebet trägt uns aus dem einen wieder in eines zurück. »Denn Dein ist das Reich …« Obwohl wir in der religiösen Übung die Konzentration auf das *eine* versuchen, uns reduzieren auf die Mitte, den Stamm, bleibt dies kein Zustand, sondern ein lebendig-rhythmisch gedankliches Bewegen geht zur Verzweigung und geht wieder zum Stamm oder geht in die Wurzeltiefe und steigt wieder zur Einheit auf.

Es bleibt also nicht beim »Hölzchen auf's Stöckchen«, sondern es atmet, entsprechend den Vorbildern, den Bäumen, auf- und absteigend, Vielfalt und Einfalt verbindend.

Gebet ist in diesem Sinne eine geistig-hygienische Notwendigkeit, um dem Zerfall des Menschen entgegenzuwirken.

Anmerkungen

1 Rudolf Steiner, *Die Grundimpulse des weltgeschichtlichen Werdens der Menschheit* (GA 216), Vortrag vom 29. September 1922, Dornach ³1988, S. 118

2 Rudolf Steiner, *Anthroposophie und das menschliche Gemüt* (GA 223), Vortrag vom 28. September 1923, Dornach ⁵1980, S. 111f.

3 Rudolf Steiner, *Der Jahreslauf als Atmungsvorgang der Erde* (GA 223), Vortrag vom 31. März 1923, Dornach ⁵1980, S. 12

4 Eine Ausnahme bildet u.a. der Schweizer Maler Giovanni Giacometti (1868–1933), der eine Vielzahl von Violett-Tönen in seinen Landschaften verwendet hat.

5 Rudolf Steiner, *Das Initiaten-Bewusstsein* (GA 243), Vortrag vom 13. August 1924, Dornach ⁵1993, S. 52f.

6 ebd., S. 53

7 Friedrich Benesch, *Apokalypse. Die Verwandlung der Erde. Eine okkulte Mineralogie*, Stuttgart ²1993

8 Christian Morgenstern, *Wir fanden einen Pfad*, in: Werke und Briefe Bd. II: Lyrik 1906-1914, Stuttgart 1992, S. 213

9 Wilhelm Müller, *Ungeduld*, in: Die schöne Müllerin

10 Gottfried Keller, *Unter Sternen*

11 Rainer Maria Rilke, *Das Stunden-Buch. Erstes Buch: Das Buch vom mönchischen Leben*

12 Rudolf Steiner, *Der Jahreslauf als Atmungsvorgang der Erde* (GA 223), Vortrag vom 31. März 1923, Dornach ⁵1980, S. 12

13 ebd.

14 Rainer Maria Rilke, *Der Schwan*

15 Friedrich Hölderlin, *Hälfte des Lebens*

16 Johann Wolfgang Goethe, aus einem Brief an Gräfin Auguste zu Stolberg

17 Heinrich Heine, *Frieden*, in: Die Nordsee, Erster Zyklus

18 Siehe Hans Walter, *Das griechische Heiligtum. Dargestellt am Heraion von Samos*, Stuttgart 1990

19 Siehe E.T. Reimbold, *Der Pfau*, München 1983

20 Augustinus, *De Civitate Dei*, XXI, 4

21 Rudolf Steiner, *Das Miterleben des Jahreskreislaufes in vier kosmischen Imaginationen* (GA 229), Vortrag vom 5. Oktober 1923, Dornach ⁵1980, S. 16

22 nach der Übersetzung von Emil Bock
23 Rudolf Steiner, *Die Grundimpulse des weltgeschichtlichen Werdens der Menschheit* (GA 216), Vortrag vom 30. September 1922, Dornach ³1988, S. 117f.
24 Johann Wolfgang Goethe, *Allerdings* (1819/20)

Literaturverzeichnis

Angelus Silesius, *Der Cherubinische Wandersmann*, in: Sämtliche Werke, München 1922

Joseph Arnoth, *Achate, Bilder im Stein*, Basel 1986

Brigitte Barz, *Feiern der Jahresfeste mit Kindern*, Stuttgart 1984

Lottlisa Behling, *Die Pflanze in der mittelalterlichen Tafelmalerei*, Köln ²1967

Hellmut Baumann, *Die griechische Pflanzenwelt*, München ³1993

Friedrich Benesch, *Apokalypse. Die Verwandlung der Erde. Eine okkulte Mineralogie*, Stuttgart 1981

– *Christliche Feste*, Bd. 2, Stuttgart 1993

Marianne Beuchert, *Symbolik der Pflanzen*, Frankfurt ²1996

Helgo Bockemühl, *Andacht üben am Evangelium im Jahreslauf*, Stuttgart 1996

– *Muss das Christentum naturfeindlich sein?*, Stuttgart 1989

Jochen Bockemühl, *Ein Leitfaden zur Heilpflanzenerkenntnis*, Dornach o. J.

– *Erwachen an der Landschaft*, Dornach 1992

– *Sterbende Wälder, eine Bewusstseinsfrage*, Dornach 1984

Walther Cloos, *Kleine Edelsteinkunde*, Stuttgart 1965

– *Das Jahr der Erde*, Stuttgart 1986

Esther Gallwitz, *Kleiner Kräutergarten*, Frankfurt 1992

Thomas Göbel, *Zeitgesten in den Abwandlungen der Blattmetamorphose*, in: Tycho de Brahe Jahrbuch, Niefern 1987

Johann Wolfgang Goethe, *Die Metamorphose der Pflanzen*, Faksimile der Ausgabe von 1790, Weinheim 1984

Gerbert Grohmann, *Die Pflanze. Ein Weg zum Verständnis ihres Wesens*, Bd. 2, Stuttgart ⁴1991

Friedrich Kempter, *Akanthus. Die Entstehung eines Ornamentmotivs*, Leipzig 1934

Ernst M. Kranich, *Pflanze und Kosmos*, Stuttgart 1997

Stephanie von Kruedener u.a., *Arzneipflanzen altbekannt und neu entdeckt,* Berlin 1993

Christiane Liesche, *Zur Gestaltbiologie der Echten Nelkenwurz*, in: Tycho de Brahe Jahrbuch, Niefern 1988

Sandra Postel, *Die letzte Oase. Der Kampf um das Wasser*, Frankfurt 1993

Wolfgang Schad u.a., *Blütenspaziergänge*, Dornach 1975

Lothar Schloss, *Canfrey. Wiedergeburt einer Heilpflanze*, Bergen 1979

Günther Schnell (Hrsg.), *Waldsterben – Aufforderung zu einem erweiterten Naturverständnis*, Stuttgart 1987

Steiner, Rudolf, *Der Jahreskreislauf als Atmungsvorgang der Erde und die vier großen Festeszeiten. Die Anthroposophie und das menschliche Gemüt* (GA 223), Dornach [7]1990

– *Die Grundimpulse des weltgeschichtlichen Werdens der Menschheit* (GA 216), Dornach [3]1988

– *Das Initiaten-Bewusstsein* (GA 243), Dornach [5]1993

– *Das Miterleben des Jahrelaufes in vier kosmischen Imaginationen* (GA 229), Dornach [7]1989

Adalbert Stifter, *Werke*, Bd. 1: Erzählungen, Frankfurt 1982

Alfred Usteri, *Pflanzen, Menschen und Sterne*, Basel 1927

Sachverzeichnis

Mineralien

Pflanzen und Früchte

Tiere

Bildnachweis

Zeichnungen

Armin Gnadt (Abb. 8, 9, 11, 13, 14, 15, 16, 17, 19, 20, 21, 22)

Fotografien

Artothek, München (Abb. 6; Farbtafel X); Bildarchiv Foto Marburg (Farbtafel XV); Okapia Bildagentur (Farbtafel XIV); Heiko Profe-Bracht (Farbtafeln IV, V, VI, XVII, XVIII, XIV)

Abbildungen aus anderen Veröffentlichungen

Abb. 1: aus W.A. Bently und W.J. Humphreys, *Snow crystals*, New York 1962; Abb. 2: Assia Turgenieff nach einer Wandtafelzeichnung von Rudolf Steiner; aus Rudolf Steiner, *Das Initiaten-Bewusstsein* (GA 243), Dornach [5]1993, S. 52 (Abdruck mit freundlicher Genehmigung des Rudolf Steiner Verlags); Abb. 3: aus Dieter Rudloff, *Kosmische Bildwelt der Romanik. Die Kirchendecke von Zillis*, Stuttgart 1989; Abb. 10: aus Gerbert Grohmann, *Die Pflanze. Ein Weg zum Verständnis ihres Wesens*, Bd.I, Freiburg 1948, S. 32; Abb. 12 und 18: Antonio Ferrua, *Katakomben. Unbekannte Bilder des frühen Christentums unter der Via Latina*, Stuttgart 1991, S. 98 und 124;

Die übrigen Abbildungen stammen vom Verfasser.

Der Autor

Helgo Bockemühl wurde 1932 in Dresden geboren. Dort wuchs er in der Gemeinde der Christengemeinschaft auf und besuchte die Rudolf-Steiner-Schule bis zu deren Verbot 1941. 1945/46 erlebte er Flucht und Rückkehr, eine zweite Flucht 1949. Nach dem Abitur an der Waldorfschule Stuttgart studierte er Musikwissenschaft und Kunstgeschichte in Tübingen, Marburg und München und nahm an botanischen Vorlesungen und Übungen teil.

Nach dem Besuch des Priesterseminars der Christengemeinschaft war er ab 1958 zunächst in Pforzheim und ab 1962 in Hamburg als Priester tätig. In Unterrichtsstunden, Jugendfreizeiten und Erwachsenen-Tagungen war es immer sein besonderes Anliegen, den religiösen Sinn für die Natur auf der Grundlage exakter Anschauung und mit künstlerischem Einfühlungsvermögen zu erwecken. Ein dreijähriger Aufenthalt in Brasilien und regelmäßige Reisen ins Gebirge und nach Südeuropa gaben Gelegenheit zu Naturstudien. Seine Tätigkeit war immer geprägt von dem Bemühen, durch Naturbeobachtung, Naturerkenntnis und Informationen über den Umweltschutz den stets größer werdenden Abstand zwischen Mensch und Natur zu überbrücken.

Helgo Bockemühl arbeitet seit 1972 als Priester in der Gemeinde in Frankfurt/Main.

Helgo Bockemühl

Andacht üben
am Evangelium im Jahreslauf

246 Seiten, gebunden mit Schutzumschlag

Die Betrachtungen dieses Buches wollen den Leser von
Woche zu Woche durch die christlichen Festeszeiten und
den Jahreslauf begleiten. Sie folgen der Perikopenord-
nung der Christengemeinschaft.
Andacht kommt, schon vom Wort her, von Denken. Die
Andachten dieses Buches sind Gedanken, die sich entwickelt haben aus den Begegnungen der Gemeinschaft im
gemeinsamen Hören des Kultus und des Evangeliums in
der jeweiligen Grundstimmung der christlichen Festes-
zeit und der in Mitteleuropa dazuklingenden Naturvor-
gänge.
Gedanken finden ihren Sinn darin, weitergedacht zu werden. So sind diese Andachten, die noch den Charakter
des gesprochenen Wortes tragen, eigentlich nicht ›fertig‹,
sondern warten auf ihre Ergänzung durch den Leser, der
sich zugleich als Hörer erleben kann.

URACHHAUS